華志文化

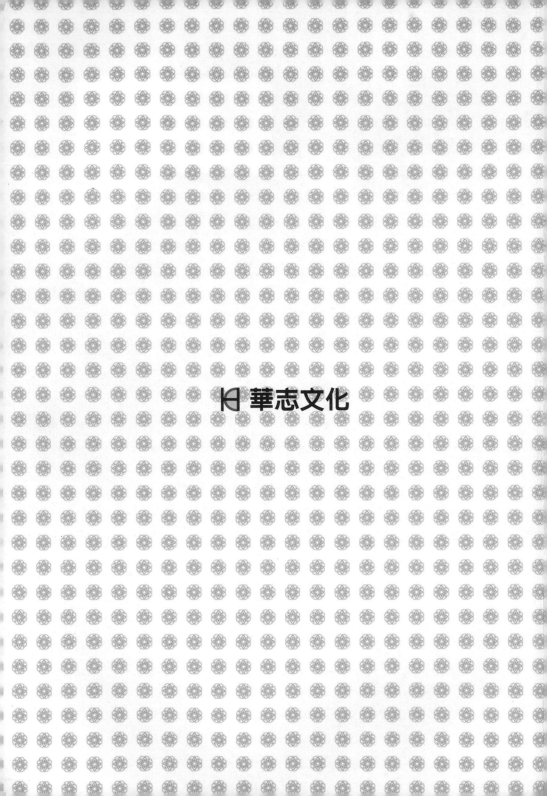

華志文化

沉思錄，

讀了一百年還要再讀一百年的書

Meditations
一位古羅馬皇帝的人生獨白與智慧

原著／馬可‧奧里略（Marcus Aurelius）

這部鉅著是古羅馬皇帝奧理略自我反省與心靈探索的精華，是他對人類有史以來所進行的最偉大的心靈交流記錄。他是一個比他的帝國更完美的人，然而，他的勤奮工作並沒有挽救古羅馬，但是他的《沉思錄》卻成為西方歷史上最感人的偉大名著。

透過樸素而又發人深省的睿智話語
讀《沉思錄》可以吸取先賢的智慧，感悟反省。
讓《沉思錄》洗滌沾滿塵埃的心靈，引領人生。
有史以來最偉大的作品之一，美國前總統柯林頓，英國前首相布雷爾，
法國前總統密特朗，二戰時期英國首相邱吉爾等國際領導人都在看的枕邊書。

新譯
中文版

　　一位古羅馬皇帝的人生獨白與智慧。這部鉅著是古羅馬皇帝奧理略自我反省與心靈探索的精華，是他對人類有史以來所進行的最偉大的心靈交流記錄。

序言 / 沉思錄：讀了一百年還要再讀一百年的書

　　西元一二一年四月二十六日，安東尼出生於羅馬。他的父親安尼烏斯·維勒斯（Annius Verus）在當執政官時死於任上，母親是多米西婭·卡爾維拉（Domitia Calvilla），也叫露希拉（Lucilla）。皇帝安東尼·序言：沉思錄：讀了一百年還要再讀一百年的書

　　西元一二一年四月二十六日，安東尼出生於羅馬。他的父親安尼烏斯·維勒斯（Annius Verus）在當執政官時死於任上，母親是多米西婭·卡爾維拉（Domitia Calvilla），也叫露希拉（Lucilla）。皇帝安東尼·皮烏斯和安尼烏斯·維勒斯的妹妹安妮婭·蓋利娜·福斯蒂娜（Annia Galeria Faustina）結婚，因此成了安東尼的姑父。在哈德良（Hadrian）收養安東尼·皮烏斯並宣布其為帝國繼承人時，安東尼·皮烏斯也收養了兩個兒子，一個是埃琉斯·凱撒（Aelius Caesar）的兒子盧齊烏斯·凱奧尼烏斯·康茂德（L. Ceionius Commodus），另一個就是安東尼。安東尼原來的姓氏為安尼烏斯·維勒斯，後來用埃琉斯·奧勒留·維勒斯（Aelius Aurelius Verus）作為姓氏，在西元一三九年又被冠以凱撒頭銜，埃琉斯（Aelius）屬於哈德良家族，奧勒留（Aurelius）是安東尼·皮烏斯的姓氏，在安東尼成為奧古斯都即羅馬帝國皇帝以後，就不再使用維勒斯（Verus）作為姓氏，代之而來的就是安東尼。因此，他的名字是奧勒留·安東尼，或簡稱為安東尼。

安東尼在少年時代便受到精心照料。他感激上帝讓其擁有善良可親的兄弟姐妹和親朋好友，以及幾乎一切美好的事物。他慶幸自己親眼目睹了他的姑父兼養父安東尼·皮烏斯所樹立的榜樣，並在他的作品中記錄了這位偉大君主的高尚美德。像許多羅馬年輕人一樣，安東尼努力學習研究詩歌和修辭。

希羅德·阿提庫斯（Herodes Atticus）和康涅留斯·弗龍托（M. Cornelius Fronto）是他的修辭學老師。在現存的弗龍托與瑪克斯之間的通信中不難看出，安東尼毫無掩飾對其老師的熱愛，老師也對其學生抱有極大的希望。安東尼曾說他受惠於弗龍托的教育。

當安東尼十一歲時，他穿上了那種樸素、粗糙的哲學家裝束，成為一個勤奮用功的學生，且過著極為勤儉節約的生活，甚至到了有損健康的地步。

最後，他放棄了詩歌和修辭學的學習，投身於斯多葛學派，但他並沒有放棄研習法律，這為其日後坐上高位和執掌權柄打下了有用的基礎。他的老師沃倫修斯·麥西安努斯（Volusianus Maecianus）是一位傑出的法學家。我們一定可以猜想到他還學習過羅馬軍隊紀律，這是一個今後領導他的軍隊抗擊一個好戰種族的人所必需的教育。

安東尼在他的第一本書中記載著他老師的名字和自己所例行的義務，如果我們未能仔細觀察他的表達方式，可能會認為他所說所學似乎有點空洞或自誇的味道，得出如此結論，是大錯特錯的。

安東尼的目的是為了頌揚老師們的功績，為了說明老師所教以及作為學生所應該學的。

　　另外，這本書和其他十一本一樣，是為己所用的，如果我們相信第一本書結尾的注釋的話，它是寫於安東尼攻擊誇地人（Quadi）的一次戰役期間，在那時，對老師美德的頌揚時刻提醒他注意關於老師所教的課程及其實際作用。

　　他的哲學老師是察洛尼亞的塞克圖斯（Sextus of Chaeroneia），即普魯塔克（Plutarch）的孫子，他親口述說了自己從這位優秀的人身上所學到的東西。他最喜歡的老師是哲學家優尼烏斯·盧斯提庫斯（Q. Junius Rusticus），此人也是處理公共事務的高手。

　　在安東尼成為皇帝之後，盧斯提庫斯是他的顧問。那些注定要身居高位的年輕人通常在自己的同伴和老師這些方面都沒有多少運氣，我從沒有發現哪個王子接受的教育能與安東尼相比，除他之外，老師們的學識和品格再也很難聚集在一人之上。

　　對於學生，從那之後也不可能再有誰像安東尼那樣。

　　哈德良死於西元一三八年七月，安東尼·皮烏斯繼承了皇位。大約西元一四六年，安東尼與自己的堂妹也就是皮烏斯的女兒福斯蒂娜（Faustina）成婚。他繼承了繼父凱撒的封號，並管理國家政務。因此，父子得以在一起友好和睦、相互信任地生活。安東尼是一個孝順的兒子，皇帝皮烏斯也愛護並尊重安東尼。

安東尼‧皮烏斯於西元一六一年三月去世。據說，當時參議院急切建議安東尼獨自管理帝國，他沒有採納，於是和皮烏斯的另一個養子盧齊烏斯‧凱奧尼烏斯‧康茂德，通常被稱為 L. 維勒斯（L. Verus）聯合執政。

因此，羅馬第一次有了兩位皇帝。維勒斯是一個慵懶享樂之人，並不在乎自己職位如何。然而，安東尼容忍了他。據說，由於性格方面的原因，維勒斯異常敬重其同僚。就這樣，一個品德高尚的皇帝和一個放任的合夥人和平相處了，後來安東尼把自己的女兒露西拉嫁給了維勒斯，進一步加深了兩人之間的關係。

安東尼統治期間面臨的第一個挑戰就是帕提亞戰爭，在這次戰爭中，維勒斯任總指揮，但是他毫無作為，而居住在亞美尼亞、幼發拉底河和底格里斯河地區的羅馬人取得的勝利，這些功勞歸於他手下的將軍們。

西元一六五年，帕提亞戰爭結束。西元一六六年，奧勒留和維勒斯在東部地區取得了一次勝利。但是，恰在此時，一場瘟疫席捲了羅馬、義大利和東部歐洲，奪去了無數人的生命。

從高盧邊境到哈德里亞（Hadriatic）東部，翻越阿爾卑斯山脈的野蠻人，也時刻威脅著義大利北部。這些野蠻人就像三百年前的日爾曼人一樣，企圖攻破義大利。除了短暫的閒暇，安東尼的後半生大部分時間都用來驅逐侵略者。西元一六九年，維勒斯突然逝世，安東尼開始獨自掌管國家政權。

在日爾曼戰爭期間，安東尼在多瑙河畔的卡爾圖姆（Carnuntum）生活了三年。其間，馬可曼尼人被驅逐出潘諾尼亞，在他們撤退藉由多瑙河時幾乎被全軍殲滅。西元一七四年，皇帝取得了針對誇地人戰爭的偉大勝利。

　　西元一七五年，一個智勇雙全的亞洲軍事指揮官頭目阿維狄烏斯·凱西烏斯（Avidius Cassius）發動叛亂，並宣稱自己是奧古斯都。但是，凱西烏斯被他的部下所暗殺，叛亂也告中止。安東尼對凱西烏斯家族及其黨羽的處理，顯示了極大的人性關懷。他的寬恕和仁慈，從寫給參議院的信件中可窺見一二。

　　在得知凱西烏斯叛變的消息後，安東尼便朝東部進發。之前他曾經於一七四年返回羅馬，旋即又回去繼續與日爾曼人作戰，很有可能他是直接從與日爾曼人的戰鬥中前往東方平叛的。他的妻子福斯蒂娜，陪同安東尼進軍亞洲時，在托羅斯山下突然逝世，安東尼異常悲傷。撰寫安東尼傳的卡庇托林努斯（Capitolinus），還有迪奧·凱西烏斯（Dion Cassius）都指責皇后對其丈夫不忠，但卡庇托林努斯說，安東尼要麼真不知道皇后的不忠，要麼就是假裝不知道。

　　在所有的年代，不懷好意的披露比比皆是，羅馬帝國的歷史充斥著此類事件。安東尼深愛著自己的妻子，他說：「她溫順、熱情、儉樸。」同樣的醜聞也發生在福斯蒂娜的母親，也就是安東尼·皮烏斯的妻子的身上，但安東尼·皮烏斯依然對妻子愛護有加，滿意非常。妻子死後，皮烏

斯在給弗龍托的一封信中寫道，他寧願與他的妻子一起被放逐，也不願在羅馬宮殿中而沒有妻子的陪伴。

　　沒有多少人能比這兩位皇帝給予自己妻子如此的寬容與愛護。卡庇托林努斯撰寫安東尼傳時，是在戴克里先（Diocletian）統治時期，他可能是有意講述真相，但他只是個貧窮虛弱的傳記作家。而出了名的不懷好意的歷史學家迪奧‧凱西烏斯總是披露醜聞，或許他相信任何醜聞都能對人產生攻擊作用。

　　安東尼繼續他的敘利亞和埃及之行，在經過雅典返回義大利的途中，他首次參加了埃琉西斯祕儀。這是皇帝針對古老莊嚴的宗教儀式和宗教慶典的一次身體力行。如果書中未有表明他是否是一個迷信之人，我們就不能因此認定他是一個迷信之人。這只是統治者公開行為的一個例子，不足以說明他的真實意圖。一個明智的君主不會粗暴地鎮壓迷信的臣民。安東尼希望臣民們都是智慧之人，但是他知道自己無法悖逆臣民的意願。

　　西元一七六年十二月二十三日，安東尼和他的兒子康茂德取得針對日爾曼人的勝利，並回到羅馬。第二年，康茂德和他的父親聯合執政，取名為奧古斯都。在基督教會的歷史上，這一年是值得紀念的，阿塔羅斯（Attalus）和其他一些人由於堅持信奉基督教，在里昂被處死，這次宗教迫害的證據是尤比烏斯（Eusebius）保留著的一封信，是維也納和高盧里昂的基督教徒寫給亞洲和普里吉亞教眾的，信件保存非常完整，並特別描述了對基督教徒的嚴刑

拷打。

信中還注明，在迫害的過程中，平民要求把身為基督教徒和具有羅馬公民身分的阿塔羅斯帶到競技場。但是在收到皇帝命令之前，執行官必須把他投放在監獄裡。

因此，執行官在向安東尼申請之前，許多人受到嚴刑拷打。

信上說，皇帝的公告明示，基督教徒應該受到懲罰，但是如果他們能夠放棄基督信仰，就可以釋放他們。結果，具有羅馬公民身分的基督教徒被砍頭，剩下便被競技場的野獸所吞噬，基督教會史的一些現代作家在引用這封信時，對遭到宗教迫害的殉道者們的奇蹟故事一言不發。

信中提到的賽脫司（Sanctus）被烙鐵灼傷，直到身體變成了一塊焦炭，完全沒有了人形，但當再次被放到烤架上時，他恢復了先前的容顏，因此他便把懲罰當成了療傷。後來，他被野獸撕扯得四分五裂，並架到烙鐵椅燒烤，最終死去。

這封信只是一面之辭。寫信者自稱是高盧的基督徒，無論他是誰，他都為我們提供了關於這個事件本身的尋常和非尋常方面的證據。

我們不能只接受他的一面之詞而拒絕另一面。如果我們相信一件事情的發生是比較有可能的話，那麼有時雖然只是一個小小的證據，我們也會接受它；反之，如果一件事情看起來幾乎是不可能的話，雖然是同樣的證據我們也會拒絕它。這樣的求證方法是錯誤的。有些現代的學者還

是這樣做，他們從一個故事中挑選他們喜歡的部分，而拒絕承認其他的部分；或者即使他們不斷然拒絕，也會不誠實地將這樣的證據壓制起來。

人們要保持先後一致就得承認這封信的全部內容，或是全部予以否認，這樣我們才不會怪他。但是有些人拒絕這封信的真實性，卻又承認其中有些事情是真實的，因為只有這樣才可能解釋這封信的存在，而他又認為這封信的作者捏造了部分事實，可他自己也說不出這封信到底哪一部分值得相信。

在安東尼訪問東部期間，北方邊界戰事連連，因此安東尼回到羅馬便開始與野蠻人交戰。西元一七九年，日爾曼人在一次激戰中被打敗。就在這次戰爭中，皇帝感染疾病，死於下潘諾尼亞（Lower Pannonia）地區薩瓦河邊的希爾米烏姆營地，不過根據其他權威查證，他於西元一八〇年三月十七日死於維也納，時年五十九歲。

當時，他的兒子康茂德陪伴著他。皇帝的遺體或骨灰被運到羅馬，並受到神靈般的尊敬和崇拜，人們為其建造塑像或半身像，在卡庇托林努斯撰寫傳記時期，許多人仍把安東尼的塑像當作門神或財神供奉著。

因此，在某種意義上，他就是一個聖人。康茂德在現在的羅馬科隆納廣場為其父親立碑以示紀念。安置在碑柱上的螺旋形淺浮雕是為了紀念安東尼發動針對馬可曼尼人和誇地人戰爭的勝利和一場神奇的鼓舞士氣、挫敗敵銳的傾盆大雨。安東尼的塑像建造在了首都雲柱上，後來被轉

移到其他地方，於是教皇西斯都五世就把聖保羅的銅像安置在此。

在安東尼時代，歷史方面的證據是非常不完備的，一些證據根本就不可信。

最令人驚奇的是發生在西元一七四年與誇地人戰爭期間的一個故事：當時羅馬軍隊處於饑渴的危險邊緣，突然一場暴風雨來臨，落在敵人身上的則是火和冰雹，羅馬軍隊於是大勝。那些權威著作在提到這次勝利時都必然會提到這次神蹟。異教的學者們將其歸功於他們的神靈，基督徒們則聲稱這是奧勒留軍中的基督徒軍團的功勞，基督徒們為了證明這一點還提到皇帝曾經授予這個軍團以「雷擊」的頭銜。

但是達西耶（Dacier）以及其他的學者們在維持了基督徒關於這次神蹟說法的同時，也承認，這個軍團得到「雷擊」的頭銜並不是因為誇地人受到了雷擊，而是因為這個軍團的戰士的盾牌上有一個閃電的標記，而這個軍團其實是奧古斯都時代的。

在安東尼統治之前，斯卡利熱爾（Scaliger）就已經知道了一個叫「雷擊」的軍團，我們是從迪奧‧凱西烏斯得知的，他列舉了所有的奧古斯都軍團。「雷擊」或「閃電」的字眼也在圖拉真統治時期的一個碑銘上出現過，這個碑銘是在的里雅斯特發現的。尤西比烏在提到這一神蹟的時候提到了希拉波利的主教阿波里那留（Apolinarius）的名字，說正是因為他們的祈禱皇帝才取得了這樣的勝利，因

此馬拉提亞軍團被授予「雷擊」的稱號。由此我們或許可以估測阿波里那留的證詞的價值。

　　尤西比烏並沒有提到阿波里那留在他所著的哪一部書中敘述了這一事件，迪奧說「雷擊」軍團在奧古斯都的時代駐紮在卡帕多啟亞（Cappadocia）。沃爾什（Valesius）也注意到羅馬帝國官名名冊中提到亞美尼亞的道德監察官指揮的第十二軍團被稱為「馬拉提亞的雷擊」，而亞美尼亞也正位於迪奧所說的卡帕多啟亞，因此沃爾什斷定馬拉提亞並不是軍團的名字，而是軍團的駐地的名字。這一地區也叫馬拉提亞，因此他說軍團的名字並不是來自於他們執行任務的地方，而是他們被招募的地方。

　　因此，尤西比烏所說的恐怕不太可能，不過沃爾什還是因為阿波里那留和特土良（Tertullian）權威的緣故，相信是因為軍團中基督教士兵的祈禱才帶來這次的神蹟。沃爾什說魯斐納（Rufinus）並沒有給這個軍團命名為馬拉提亞，或許他是有意不要這樣做，因為他知道馬拉提亞是亞美尼亞的一個小鎮，那時這個軍團駐紮在那裡。

　　據說皇帝曾向參議院報告了戰爭的勝利，我們可能認為這只是例行公事，但是我們並不知道國書的內容，因為已無法得到考證。達西耶認為皇帝的國書要麼被參議院故意損壞，要麼被基督教的對頭毀壞，因此真實可靠的證據可能已經不存在了。然而，當他說國書已經被毀，甚至連尤西比烏也無法找到時，這個評論家卻沒有看到矛盾所在。

在戰爭勝利後的希臘，安東尼確實向羅馬人民和參議院發表了一份國書，是在賈斯丁（Justin）第一次道歉後，但是，這與道歉沒有絲毫關係。不過這封國書是最愚蠢的偽造證據之一，不可能在安東尼向參議院的報告中被發現。如果國書是真實的，皇帝就可以免受被迫害的基督徒的指控，因為皇帝曾在偽造的國書中說道，如果某人因是基督徒而受到控告，被告人能坦白，就能獲釋，無知之人還補充道，告密人會被活活燒死。

　　在安東尼・皮烏斯和瑪克斯・安東尼統治時期，賈斯丁曾做過第一次道歉，並且在安東尼時期，他提安（Tatian）反對希臘的演說，是對宗教最為激烈的攻擊。亞他那哥拉代表基督教徒向安東尼做出書面道歉，梅利都也致歉，薩爾迪斯主教和阿波里那留也向皇帝寄去書信。

　　賈斯丁第一次向安東尼・皮烏斯和他的兩個兒子安東尼和維勒斯做出書面道歉，但是我們不知道他們是否看到。第二次道歉信是致羅馬參議院的，但是收信人姓名和地址卻是抄寫員。

　　信件的第一章是對羅馬人的演說，第二章講述了在安東尼和維勒斯聯合執政期間所發生的事件，他還向皇帝提到了一個女人，「她向皇帝遞交請願書，皇帝同意了她的請求」。在其他章節，主要是對兩位皇帝的進言。

　　從上所述，道歉信是直接呈給兩位皇帝的。尤西比烏說第二次的道歉信是給安東尼・皮烏斯的繼任者，也就是安東尼的。在第二封道歉信其中的一章中，賈斯丁寫道，

信奉斯多葛教義的人們，由於道德原因選擇自己的生活時，都會受到詛咒和謀殺，比如，同時代的海拉克利特斯、穆索尼烏斯（Musonius）等等。對於那些按照理性生活、藉由工作來試圖避開邪惡之人，他們總會受到詛咒，這正是魔鬼們所做的。

據說，由於拒絕向神靈做出犧牲，賈斯丁在羅馬被處死。據權威查證，此事不可能發生在哈德良統治時期。如果第二封道歉信是寫給安東尼的，此事也不會發生在安東尼·皮烏斯統治時期。有證據表明此事發生在安東尼和維勒斯當政期間，當時汝斯提古是羅馬城的長官。

一封信件表明，波利卡普（Polycarp）是在安東尼統治時期的士麥那遭到迫害，這封信件後來被傳到非羅美林（Philomelium）的教堂和其他基督教堂，由尤西比烏保管著。但是一些批評家對波利卡普死去的時間並沒有取得一致意見，分歧大約有十二年。波利卡普的殉道伴隨各種奇蹟的發生，其中一個是尤西比烏所忽視的，這個奇蹟出現在一個古老的拉丁版本的信件中，是由烏雪主教（Usher）出版的。據推測，這一版本的出版離尤西比烏時代不遠。

這封信的結尾注明，其來自於波利卡普的門徒愛任紐（Irenaeus）的手抄，由凱烏斯（Caius）翻譯而成。後來由在科林斯灣的蘇格拉底再次翻譯：「我，庬沃紐（Pionius）在波利卡普啟示並且引導下，終於使我找到上面的版本，並重新謄錄了一次。」波利卡普殉道的事蹟中有很多不可思議的事情，很多現代研究教會史的專家們都

有意識地將其忽略了。

　　為了對安東尼統治下的基督教徒狀況有一個正確的瞭解，我們必須回到圖拉真時代。當時比提尼亞在年輕的普林尼統治之下，基督教徒為數眾多，舊宗教的信奉者慢慢減少，廟宇被廢棄，節日被淡忘，沒有人肯為受害者做出犧牲。致力於保留舊有宗教的人們發現他們的利益已到了危機的邊緣。於是，基督教徒男女老少被帶到長官面前，但是長官們不知道該怎樣處理他們，對他們做的只能是坦白從寬抗拒從嚴。

　　對於基督教徒的頑固，他們無能為力。只能把信奉基督教定義為墮落和極端迷信，如果給與這些人放棄信仰的機會，應該有可能阻止這個宗教的蔓延。於是，普林尼寫信通知圖拉真。

　　在哈德良統治時期，羅馬政府開始注意到基督教徒的增加和普通民眾對他們的敵意。如果各省長官對基督徒放任不管，就不能抵抗他們對狂熱異教的盲從，於是便把基督徒當作無神論者。定居在羅馬帝國的猶太人對基督教異常敵對。在哈德良時代，基督徒便開始道歉，這清晰地表明基督教是多麼流行。哈德良向亞洲各省長官米紐修斯·豐達努斯（Minucius Fundanus）發號施令，指示長官們不能對無辜百姓百般刁難，控訴者不能敲詐勒索，對基督教徒的指控必須合理公正，而無需理會多數人的喧鬧。基督教徒因非法行為受到起訴、判刑，必須依據所犯罪行而受到應有的懲罰。

為了達到同樣的效果，據說安東尼‧皮烏斯也頒布了一些法令。哈德良所頒布的法令條款好像對基督徒有利，但是如果我們明白基督徒像其他人一樣在犯法時才受到懲罰，那這條法令又有何意義呢？法令真正的意圖是，如果基督徒堅持信奉基督教或者不能證明自己已經放棄基督教，他們就會受到懲罰。我們沒有任何理由相信哈德良給予基督徒的權利比圖拉真給的要多。

　　在賈斯丁第一封道歉信的末尾，還印有安東尼‧皮烏斯頒發給亞洲公社的法令，也由尤西比烏保存著。法令的日期是在安東尼‧皮烏斯的第三個任期內，法令宣稱只要基督徒們不試圖擾亂反對羅馬統治，他們就不會受到懲罰。但是這個法令是偽造的，熟悉羅馬歷史的人在看到法令的形式和要旨時都會明白這是多麼笨拙的偽造。

　　在安東尼統治時期，新老信仰的對抗甚至更加激烈，異教徒們督促政府來抵制基督教信仰的入侵，梅利都寫給安東尼的道歉信代表了在新帝國條令下被迫害的亞洲基督教徒。

　　他說到，貪婪無恥的告密者擁有其他人的財富後，便開始運用這些條令對那些毫無惡意之人進行搶劫。他懷疑一個公正君主是否能做出公正之事，最後的法令是否是皇帝頒布的，基督徒懇求皇帝不要向敵人低頭。我們可以得出結論，至少皇帝的法令或安東尼的憲法是存在的，並且都是以迫害為基礎的。除非基督教徒否認他們的基督教，否則就是犯法，並將受到懲罰。

一些現代批評家記錄，在西元一六七年，士麥那的迫害活動就開始了，十年後，迫害活動綿延至里昂。此時，安東尼政府下的各省長官才完全明白圖拉真的法令是用來保護自己、懲罰基督徒的，因此即使基督徒們情非所願，他們也不得不面對被迫害的下場。但是，除了基督徒們反對所有的異教慶典外，我們不能忘記他們眼中的異教都是虛假錯誤的。

　　因此基督徒開始向異教儀式宣戰，宣稱除了基督教之外其他一切都是虛假的，所有輝煌燦爛的慶典都是對邪惡的崇拜。毋庸置疑，這是在向羅馬政府宣戰。羅馬政府可以容忍任何形式的迷信活動的存在，卻不能容忍一個宗教派別。

　　如果我們對宗教史有真實的瞭解，就應該知道羅馬皇帝曾怎樣試圖阻止新宗教的誕生，怎樣實施壓迫基督教徒的政策，賈斯丁在他的道歉信中曾對此加以確認，我對此也毫不懷疑；還應該知道喧鬧和暴亂是多麼的受歡迎，有多少狂熱無知的基督教徒一方面致力於教義的信仰，一方面還要忍受羅馬政府和新教的爭吵。現存的宗教史有虛假的成分，真實常被誇大。

　　但是，安東尼時期，異教徒公開對抗基督教徒，人們因是基督教徒而被處死，這一事實是毋庸置疑的。尤西比烏在其第五本書的序言中曾寫到，在安東尼統治的第十七年，在世界上一些地區，對基督教徒的迫害已經變得異常暴力，首先遭殃的是各城市的平民。

並且，在其誇張的敘述風格下，我們可以推測出曾有一個國家無數教眾死於非命。他所暗指的國家是高盧國。然後他異常小心地給維也納和里昂的教堂去了一封信，信件的內容可能就是說明引發迫害的真實原因，講述平民對基督教的狂熱，及長官們和皇帝在處理暴亂方面所面臨的巨大麻煩。

瑪克斯到底知道多少殘酷的事實，我們並不知道，因為歷史對安東尼統治時期的紀錄是殘缺不全的，這一時期，安東尼沒有制訂法令來反對基督教，因為圖拉真已經為其鋪好了路，即使我們認為他願意讓基督教自由成長，也不能確定這是否在他能力範圍內，因為我們猜測安東尼像現代的君主一樣，權力被憲法條例、參議院和前任的先例所限制。

我們也不能確認他是否是一個積極的迫害者，因為沒有證據表明他對基督教徒出言不遜，盡管他對基督教徒沒有好感。除了知道基督教徒對羅馬宗教的敵意外，他便一無所知了。盡管一些護教士真真假假地遊說，他仍認為基督教徒對國家構成了威脅。

我已經說得夠多了，但是如果不能充分解讀一個人的優缺點，對其個人是不公平的。如果所有的材料都是真實無誤的，他就可以消除所有的指控，但是，我在尋找真實的時候，證實一些材料是杜撰的，因此他不得不承擔對其的指責。另外，我還確定他沒能從一無所知的宗教中得到任何道德準則。

毫無疑問，皇帝的「反思」或「沉思」是一項真實嚴肅的工作，在其第一卷中，介紹了自己、家庭和他的老師。在其他書卷中也提到了自己，《蘇達辭書》注意到安東尼在其十二卷書中所做的工作，把其稱為「規範自己的生活」，並且《蘇達辭書》還引用了書卷中的幾句話，還注上皇帝的名字，不過沒有注上作品的名字，引用的幾段話，也沒有注上皇帝的姓名。作品的真正標題無人得知，克胥蘭德（Xylander），出版他第一個拉丁版本，是手稿，包含十二卷，但是現在手稿已不知去向，其他現存比較完整的手稿藏在梵蒂岡圖書館。

不過，其中幾卷已經沒有標題、沒有碑銘了，第十一卷僅留有刻著星號的碑銘，其他的梵蒂岡手稿摘自皇帝的書卷。

所有的摘錄標題與克胥蘭德首碼標題幾乎一致。所有後來的版本都是用這一標題。我們不清楚安東尼或者其他人是否把他的作品分類成卷，如果第一卷和第二卷末尾的碑銘是真實的，那他就做了分類。

眾所周知，奧勒留皇帝在閒暇時間寫下了自己的想法和思考，因為要留給自己所用，所以可以推測他留下一個完整的手稿是完全有可能的，一個勤奮刻苦的人不可能讓別人代手，並且他也不願意自己祕密的思想暴露在別人的眼皮之下。他還打算把自己的作品留給兒子康茂德，但他的兒子卻沒有機會飽覽先父的智慧與哲思。一些仔細認真的人保存了這一寶貴的書卷。除了《蘇達辭書》外，後來

的許多作家都提到過這一偉大作品。

　　許多評論家都對這本書的文字做過許多工作。其中最完整的是一六五二年的版本，由湯瑪斯‧蓋特克（Thomas Gataker）出版。第二個版本是一六九七年的，由喬治‧斯坦霍普（George Stanhope）監製。還有一個是一七〇四年的版本。蓋特克在這些版本中做了許多有益的修改，他還印製了一個拉丁文的版本，雖然不是過於完美，但也表達了原有的意義，要好過現在的一些翻譯版本。在每段對面的頁面空白處，他還為其他平行段落加注了說明。他還寫了一個評論，是古代作家中寫得最完美的，這個評論包括針對晦澀難懂段落的編者說明和為說明文章而引用希臘和羅馬作家的語言。

　　這是一個完美的學習材料，沒有英國人曾這樣做過。在序言的末尾，編者說他在位於倫敦附近的羅瑟希德撰寫這個序言，那是一個異常寒冷的冬季，當時是一六五一年，他已七十八歲高齡。那時，彌爾頓、塞爾登和其他聯邦時代的偉人都在世。當時，偉大的法國學者薩爾梅歇斯（Saumaise）和蓋特克一拍即合，並協助蓋特克編輯安東尼手稿，在一八〇二年，希臘版本由舒爾茲（J. M. Schultz）在萊比錫（Leipzig）出版，希臘語版本由學識淵博的阿塔曼迪努‧克萊（Adamantinus Corai）於一八一六年在巴黎出本，也是八卷，後來由陶赫尼茨（Tauchnitz）在一八二一年再版。

　　安東尼的作品有英語、德語、法語、義大利語、西班牙語版本，還有其他翻譯版本。我沒有見過所有的英文版

本，不過由傑瑞米·科利爾（Jeremy Collier）在一七○二年翻譯的版本最為粗糙庸俗，夏邦泰（Charpentier）保存的由亞力克西斯·皮埃爾（Alexis Pierron）翻譯的法語版要優於達西耶的義大利語版（一七七二年烏迪內），我沒有見過這個由樞機主教翻譯的義大利版本，樞機主教佛朗西絲·巴貝里尼（Francis Barberini）是一個非常出名的人，是教皇烏爾班八世的外甥，他為了散播信仰的種子，耗盡餘生用母語去翻譯羅馬皇帝的思想結晶。他致力於用心靈去理解與翻譯異教所留下的高尚品德和思想精髓。

在使用這本書很多年之後，我利用空餘時間將其譯出。為完成譯著，我參閱了一本希臘版的著作，但是我從來不會僅參考一本書，我還經常與其他版本去比較。我翻譯是為自己所用，所以值得為此而工作。

不過，考慮到對別人可能也有用途，所以才決定出版。原著晦澀艱深，很難翻譯，因此不可避免會出現一些錯誤。但是，我相信，自己不會漏譯。如果那些與我意見不和的，拿原著與譯著進行比較，找麻煩的人不應該匆忙做出結論：那是我的翻譯錯誤。

乍一看，一些段落未顯其意，其實意思已包含其中了。我不同於其他翻譯家，我認為一些地方他們確實是翻譯錯誤，用「＋」號標出的部分表明意思的不確定。我盡量讓語言輕鬆流暢，但也不忘符合原著的表達方式。

版本中出現的模糊不清是源於希臘語的不達意，是再正常不過了。關於語言，我已經竭盡所能。同時在正文中

同一個單詞我會給出相同的譯法。

我所注意到的斯多葛哲學最後一次體現是在辛普利修斯（Simplicius）的《埃比克泰德手冊評論》。辛普利修斯不是基督徒，在基督教大規模腐化的那種時刻，他不可能改變其身分，但他確實是一位宗教人士。他向神靈祈禱的評論並沒有為基督教帶來改觀。從芝諾（Zeno）到辛普利修斯，大約有九百年的時間，斯多葛哲學的輝煌達到頂點，形成了以偉人為特色的哲學形式，但最終煙消雲散了。

直到一些義大利信件的出現，我們才再一次聽到它的聲音。波利齊亞諾（Poliziano）見到兩本模糊殘缺的埃比克泰德手冊的手稿，於是把它翻譯成拉丁文，獻給發現並保護此書的羅倫佐·德·梅迪奇（Lorenzo de'Medici）。波利齊亞諾版本在一五三一年第一次以合集的形式出版。波利齊亞諾把這本書推薦給羅倫佐，因為它很適合他的性格，期望在困難纏身時能對他有些用途。

埃比克泰德和奧勒留的作品在第一次出版以後就擁有很多讀者。奧勒留的這本小書曾伴隨許多偉大的人物。約翰·史密斯船長在其年輕年代經常閱讀的兩本書就是馬基雅維利的《戰爭的藝術》和奧勒留的《沉思錄》，他再也找不到其他的兩本書更適合於形成戰士加君子的性格。史密斯在他的祖國英國沒沒無名且幾乎被遺忘，但是在美洲他卻拯救了年輕的維吉尼亞殖民地。

他的英雄氣概和他在軍事上的成就都很偉大，但最偉

大的則是他的高貴的品格。因為一個人的高貴絕不如一般的粗鄙的想法那樣是來自於財富和地位，也並非來源於人的知識，相反知識反倒經常與那些最卑劣的人性相連，它使得人們對那些位居高位的人極盡諂媚，對處在貧窮的底層的人則傲慢無禮。

　　一個人真正的偉大來源於對一種以誠實為目的的生活方式的認知，它建立在對自己和對一切都公正的評價的基礎上，建立在經常的自我反省上，堅定地遵守他認為是正確的原則而不讓自己陷入煩惱。正如皇帝所說的那樣，他不應該根據別人怎樣想、怎樣說，或是別人做與不做，來決定自己的思想、言語和行為。

編譯：尹耀中

　　一個人真正的偉大，來源於對一種以誠實為目的的生活方式，它建立在對自己和對一切都公正的評價的基礎上，建立在經常的自我反省上，堅定地遵守他認為是正確的原則而不讓自己陷入煩惱。

目錄：

★目錄

我懂得了當一個朋友抱怨時，即使他是無理取鬧也不要漠不關心，而是試圖撫平他的情緒；懂得了要隨時好言相勸，正像人們所說的多米蒂厄斯和雅特洛多圖斯一樣；懂得了要真誠地愛我的孩子。

卷一
來自私人生活圈的品質傳承
養父安東尼・皮烏斯給我的教誨

Book One

卷 一

❀ 來自私人生活圈的品質傳承

1 從我的祖父維勒斯那裡，我學到美好的品德和控制自己情緒的重要性。

2 從我父親？的聲名和對他的追憶中，我懂得了謙遜和男子漢氣概。

3 從我的曾祖父那裡，我懂得了不要經常出入公立學校，而要請優秀的家庭教師，懂得了在這些事情上是不能吝惜金錢的。

4 從我的母親那裡，我濡染了虔誠、仁愛和克制，不僅戒除惡行，甚至戒除邪惡念頭的產生；而且，我還學會了簡單的生活方式，摒棄富人奢侈的生活習俗。

5 從我的老師那裡，我明白了不要介入馬戲中的任何一派，也不要陷入角力戲中的黨爭；從他那裡我還學會了吃苦耐勞、清心寡欲、事必躬親，不要干預他人的私事，不要聽信誹謗之言。

6 從戴奧吉納圖斯那裡，我學會了不使自己忙碌於瑣碎之事，不要相信術士巫師之言，驅除妖魔鬼怪之類的東西；學會了不挑撥離間，既不熱中也不畏懼抗爭；學會了讓人自由發言；學會了親近哲學。

　　我先是巴克斯，然後是坦德西斯、馬爾塞勒斯的一個傾聽者；我年輕時寫過對話，嚮往厚木板床和粗毛皮衣，以及其他一切屬於希臘文化的東西。

　　7 從拉斯蒂克斯那裡，我懂得了我的性格需要改進和訓練；從他那裡我還學會了不要誤入詭辯和競賽的歧途，不要寫作投機的東西，不要進行繁瑣的勸誡，不要炫耀自己是一個訓練有素的人，或者為了譁眾取寵而行善。

　　學會了避免華麗的辭藻、構思精巧的寫作；不穿外出的衣服在室內行走，以及諸如此類的事件；以簡潔樸素的風格寫信，就像拉斯蒂克斯從錫紐埃瑟給我母親寫的信一樣；對於那些以言語冒犯我或者對我做了錯事的人。

　　只要他們表現出願意和解的意思，那就樂於與他們和解；仔細地閱讀，不要滿足於對書籍的膚淺理解；不輕率地同意那些夸夸其談的人；我感謝他使我熟悉了埃比克泰德的言論，那是他從自己的收藏中傳授給我的。

　　8 從阿珀洛尼厄斯那裡，我懂得了意志的自由，和目標的堅定不移；懂得了在任何時候都要依賴理性，而不去依賴其他任何東西；即使在失去孩子和久病不癒的劇痛

中，依然鎮定如常。

從他身上，我清楚地看到了一個既果斷又靈活，在教導別人時毫不焦躁易怒的活生生的榜樣；看到了一個清醒地不以他解釋各種哲學原則時的經驗和藝術自傲的人；從他那裡，我學會了如何從值得尊敬的朋友那裡贏得好感，既不使自己在他們面前顯得卑微，又不對他們視若無睹。

9 從塞克斯都那裡，我看到一種樂善好施的品質，一個以父愛的方式去管理家庭的榜樣和合乎自然地生活的觀念；莊重嚴肅而不矯揉造作，細心地顧及到朋友的利益，原諒那些無知的人、那些不經思考就發表意見的人。

他有一種使自己迅速融入所有人的能力，所以與他交往的愉快勝過任何阿諛奉承；同時他最能贏得與他交往的人的最高尊重。

他有能力以一種明智而系統的方式發現和整理生活所必需的原則；他從未對任何人表示憤怒或者其他激烈情緒，而是完全心平氣和而又最寬厚仁愛；他能夠表示嘉許而毫不張揚，他擁有淵博知識而毫不驕矜。

從文法家亞歷山大那裡，我學會了避免挑剔，不要苛責那些表達上有粗俗、欠文理和生造等毛病的人們；而是巧妙地藉由回答或者提供資訊的方式、探討事物本身而非語言的方式，或者給出恰當的意見，來引出那應當運用的正確表達。

從弗朗特那裡，我學會了觀察存在於一個暴君裡的嫉

妒、偽善和表裡不一；懂得了我們中間那些被稱為上流人士的，一般都缺乏仁慈之情。

從柏拉圖派學者亞歷山大那裡，我懂得了無需經常但又不是沒有必要對人說話或者寫信，懂得了我沒有空閒；懂得了我們並不是總能以緊迫事務的藉口來推卸對與自己一起生活的那些人的義務。

從克特勒斯那裡；

我懂得了當一個朋友抱怨時，即使他是無理取鬧也不要漠不關心，而是試圖撫平他的情緒；懂得了要隨時好言相勸，正像人們所說的多米蒂厄斯和雅特洛多圖斯一樣；懂得了要真誠地愛我的孩子。

從我的兄弟西維勒斯那裡，我懂得了愛親人、愛真理、愛正義；

從他那裡，我懂得了思雷西亞、黑爾維蒂厄斯、加圖、戴昂、布魯特斯；

從他那裡，我接受了一種法律對所有人都平等、實施權利平等和言論自由的政體思想，和一種最大範圍地尊重被治者的所有自由的王者之治的觀念；

從他那裡，學會了對於哲學的從一而終和堅定不移的尊重，學會了一種行善的品質，為人隨和，抱以善望，相信自己為朋友所愛，我也看到他從不隱瞞對他所譴責的人的意見，因此他的朋友不必臆測他想做什麼、不想做什麼，他的意願是相當明顯的。

從馬克西默斯那裡，我學會了自制，不為任何東西所

左右；學會了在一切情況下都保持樂觀，即使患病了也是如此；學會了在道德品質方面形成一種甜美和尊嚴的恰當配合；學會了做任何擺在我面前的工作而毫無怨言。

我看到每一個人都相信他所說即他所思，相信他所做的一切從來都無惡意；他從未表現過奇怪和驚愕，從不慌忙，從不拖延，從不會不知所措或灰心喪氣；他從不以笑臉來隱藏自己的惱怒。

另一方面，他也從不狂熱或者多疑。他習慣於行善，隨時寬恕別人，並遠離一切虛偽；他給人的印象與其說是一貫公正，不如說是不斷改善。

我還注意到任何人都不會認為自己受到了他的蔑視，或者敢於自認比他還好。他也具有一種令人愉快的幽默感。

❀ 養父安東尼·皮烏斯給我的教誨

從我的父親？那裡，我看到一種溫和的脾性，他對經過深思熟慮之後所做的決定抱有不可更改的決心；對於那些人們稱之為功勳的東西毫無驕傲之感；熱愛勞動，持之以恆；樂意傾聽對公共福利提出的建議；毫不動搖地根據每個人的貢獻來分配；並擁有一種從經驗中獲得的辨別精力充沛和軟弱無力的行動的知識。

我看得到他戰勝了對孩子的所有激情；他把自己視為與其他任何一個公民沒有差異的公民，他解除了他的朋友

陪他一起喝茶和出國時必須覲見他的所有義務，那些由於緊急事務無法陪伴他的人，總發現他對他們一如往常。

我還看到他仔細探討一切所需考慮的事情。

他堅持不懈，從不因初次印象的滿意而停止探究；他有一種保持友誼的性情，不會很快對朋友感到厭倦，也不會浪費自己的感情；對一切環境都感到滿意和樂觀；以一種長遠的眼光預測事物，能不誇張地見微知著；他可以立即阻止一切流行的讚美和阿諛奉承；他對管理帝國所需的事務保持警惕，妥善管理支出，耐心地容忍由此帶來的一切指責。

他既不迷信神靈，也不以賞賜、娛樂或奉承大眾而對人們獻殷勤；他對一切事情都保持清醒和鎮定，從未有過任何卑鄙的想法或行為，也不好新驚奇。

對於幸運所賜的豐富的有益於生命的東西，他既不推辭也不炫耀，所以當得到這些東西時，他就毫不虛偽地享用，當得不到時，他也並不想得到。

沒有任何人說他是一個詭辯家，一個能說會道的家奴，或者賣弄學問的人；但每個人都承認他是一個成熟、完美的男人，不受奉承的影響，能夠管理自己和他人的事務。

除此以外，他尊敬真正的哲學家，不譴責那些自稱為哲學家的人，也不輕易地被他們迷惑。他在社交方面也平易近人，使自己顯得和藹可親而不帶有任何攻擊性的虛偽。他適度關注自己的身體健康，既不過分依戀生命，又

不像那些對個人形象毫不在乎的人。但藉由自己日常的留意，他很少需要看醫生、吃藥和進補。

他非常樂意為那些擁有特殊才能的人開啟道路而不帶絲毫嫉妒之心，比如具有雄辯口才或者擁有法律、道德等知識的人；他給予他們幫助，並根據每個人的長處使他們享有聲譽；他總是愉快地根據自己國家的制度行事，而不帶任何個人的感情。

而且，他不喜歡改變或不穩定，而喜歡待在同一個地方，並專注於同一件事情；他在頭痛病發作過後，立即精神抖擻、精力充沛地繼續他一貫的工作。他的祕密不多也不少，這些祕密都是有關公共事務的；他在公眾觀瞻之物和公共建築的建設，以及對待人民的捐獻等方面表現得審慎而節約，因為他關注的是是否應該這樣做，而不是藉由這些事情獲得名聲。

他不在不恰當的時間洗澡；他不喜歡興建豪宅，也不關注自己的飲食、衣物的質地和顏色，和自己僕人的美貌。他的衣物一般是從他在海濱的別墅羅內姆來的，是從拉努維阿姆來的。

我們知道他是如何對待那個在塔斯丘佗請求他寬恕的收稅人的，這就是他總的行為方式。在他身上沒有什麼是嚴厲的，不可饒恕的或是暴力的。

他對一切事物分別進行考察，就像有用不完的時間一樣，而且井井有條，毫不含糊，精力充沛，始終如一。那對蘇格拉底的紀錄也適用於他：他既能夠克制，又可以享

受，而這些東西是很多人太過軟弱而難以克制的，他們很容易無節制地享受。

　　而既能夠足夠強健地承受，又可以保持清醒的品質，是具有一個完美而不可征服的靈魂的人的標誌，正如他在馬克西默斯的疾病中所表現的一樣。

　　我感謝神明讓我擁有好的祖輩、好的父母、好的姐妹、好的教師、好的同伴、好的親戚和好的朋友，幾乎一切都是美好的。而且，我還要感謝神明的是，我從不冒犯他們之中的任何一個，盡管我的性情是只要有機會允許就可能做這樣的事情。但是，在他們的幫助下，還沒有這種機緣湊巧使我經受這種考驗。

　　另外，我還要感謝神明的是，我很早就不是由祖父的妾撫養，這樣我可以保留我的青春之美，直到合適的時節甚至更晚的時辰才證明我的男性精力；我隸屬於一個統治者、一個父親，他能夠剔除我身上所有的驕傲，教會我這樣的知識，即一個人在皇宮裡生活是可以不需要衛兵、華麗服飾、火炬和塑像這類東西的。

　　但一個人是有能力過自己喜歡的私生活的，並不因此而思想低劣、行動懈怠，因為他重視藉由一種適合於統治者的方式去作為公眾謀利所必須做的事情。

　　我感謝神明給了這樣一個兄弟，他能夠將自己的道德品質喚醒我的警戒意識，同時用他自己的尊重和愛心來使我愉悅；感謝神明使我的孩子並不愚蠢或是有生理缺陷；感謝神明使我對華麗辭藻和詩詞歌賦和別的學問並不十分

精通，如果我看到我在這些方面取得進步，那我可能將沉迷於其中；

感謝神明使我很迅速就能夠給予那些撫育我長大的人應得的、他們願意得到的榮譽，而不延遲他們所對我給予的以後這樣做的期望，因為他們那時候還很年輕。

感謝神明使我認識了阿珀洛尼厄斯、拉斯蒂克斯、馬克西默斯，使我對按照自然而生活，依賴神明及他們的賞賜、幫助和啟示留下了清晰而鞏固的印象，沒有什麼能夠阻止我立刻按照自然而生活。

盡管還是因為自己的過錯，因為我沒有注意到神明的勸誡（我幾乎可以說是神明的直接勸誡）而沒有達到這個目標。

感謝神明使我如此長久地處在這樣一種生活中身體仍然保持健康；我從未達到本尼迪克特或希歐多爾圖斯的高度，但陷入熱戀之後，我還是被治癒了；雖然我常常達不到拉斯蒂克斯的那種氣質，但是我從來不做能讓我有機會後悔的事情；雖然我母親的早逝是命運使然，但她在生命的最後一年中陪伴我度過。

無論何時，我幫助任何需要幫助的人，或者在別的情況，我從不感到自己缺乏這樣做的手段；而我自己卻從來沒有這樣的需要，或者說從他人那裡得到任何東西。

感謝神明讓我擁有一位這般溫柔、神情和樸素的妻子；感謝神明讓我有許多優秀的教師來教導我的孩子；感謝神明藉由夢和其他方法，讓我發現了各種治療咳血和頭暈的

藥方。

　　而且，當我傾心於哲學之時，我並未落到任何一個詭辯家之手，沒有浪費時間去書寫歷史作品，研究三段論法的解決方法，或是探究天國的表面現象；而以上這些都需要神明和命運的幫助。

　　　　寫於阿奎，當時正在與誇地族人進行作戰。

丟棄對書本的渴望，這樣你就不會在抱怨中死去，而是在歡樂、真誠和對神明的衷心感謝中逝去。

卷二
把每一天當作生命的最後一天。
人只能活在當下。

BOOK2

卷　二

❁ 把每一天當作生命的最後一天

1一日之始，我就對自己說，我將會遇到好管閒事的人，忘恩負義的人，愚昧無知的人，不善交際的人，欺騙、嫉妒別人的人。他們染有這些品行是因為他們不懂得什麼是善良和邪惡。

而我，一個已經懂得善良是美好的、邪惡是醜陋的人，一個已經懂得做錯事的人們是與我血脈相連的，我們不僅有著相同的血液和皮膚，而且分享同樣的理智和同一份神性的人，絕不可被他們之中的任何一個人傷害，因為沒有人可以將醜惡強加在我身上；我也不可對他們生氣或者怨恨，因為我們因共同合作而生，就像雙腳、雙手、上下眼瞼和上下排牙齒一樣。

那麼，相互反對就是違反本性了，就是自尋煩惱和自我排斥。

2無論我是什麼人，都只是一個小小的肉體、呼吸和支配的部分；扔掉書本，不再讓自己分心：這是不允許的；就像你就要面臨死亡，那就輕視自己的肉體吧；它只是血液和骨骼的一個網路組織，只是一種神經、靜脈和動脈的結構。

再來看看呼吸吧，空氣並不總是一樣的，但每時每刻總有空氣吸進呼出。再次就是支配的部分：你是一位老人，不再成為它的奴隸；不再像一個玩偶一樣被繩子牽絆做著反社會的事情；不再對現狀不滿，或者逃避未來。

3 從神明那兒來的一切都充滿了神意。那些來自命運的東西並不脫離本性，或是與神意毫不相干。一切事物都從那裡流出，這是一種必然，為著整個宇宙的利益，而你是其中的一部分。

但本性的整體所帶來的，對本性的每一個部分都是有利的，有助於保持本性。現在，宇宙是藉由改變元素從而改變事物元素的構成來保存的。讓這些原則在你身上發揮足夠的作用吧，讓它們決定你的意見吧。

丟棄對書本的渴望，這樣你就不會在抱怨中死去，而是在歡樂、真誠和對神明的衷心感謝中逝去。

4 記住你遠離這些東西已經有多久了，你多久才接到神明賜予的一次機會而不去抓住機會。

現在你終於感知到自己是宇宙的一部分了，領悟到作為宇宙的管理者的你的存在，只是宇宙中的一段流逝。一段有限的時間已經為你劃定，如果你不驅散思想中的雲霧，去利用這段時間，它就會流逝，而你也隨之逝去，再也無法返回了。

5 每時每刻都要堅定地思考，就像一個羅馬人和男人一樣，以完整而樸實的尊嚴、友愛、自由和正義去做手頭上的事情，使自己從其他一切思想中解放出來。

如果你做生活中的每一件事都像做生命中的最後一件事那樣，拋卻一切粗心大意和對理性的強烈嫌惡，拋卻一切偽善、自私和對已經分配給你的命運的不滿，那麼你將能使自己得到解脫。

你會明白，一個人只要抓住這麼少的東西就能夠過著寧靜的生活，就像神明的存在一樣；因為對神明來說，他們並不需要索取更多的東西。

6 你自己做錯了，你自己做錯了，我的靈魂啊，你不再有機會使自己榮耀；每個人的人生都是充足的。但你的人生正接近尾聲，而你的靈魂關注的不是本身，而是將自己的快樂寄託於他人的靈魂裡。

7 外界加於你身上的事情讓你分心嗎？給自己時間去學習一些新鮮和美好的東西，停止兜圈子吧。但你同時必須避免被帶入另一條道路。

因為那些在生活中被自己弄得筋疲力盡的人也是放浪者，因為他們沒有一個目標去指引他們的每一個行動，總而言之，他們的總體思想都是毫無目標的。

8 不要注意別人心裡在想什麼，一個人很少被看作是

不幸福的；但那些不關注自己內心想法的人一定是不幸福的。

9 這些你必須牢記在心：什麼是整體本性，什麼是我的本性，二者之間如何發生聯繫，我的本性是一個什麼性質的整體的一部分，沒有人會阻止你按照你是其中一部分的本性來說話和做事。

在他比較各種惡行時，西奧菲拉斯圖斯就像一個真正的哲學家一樣說（這種比較就像一個人按照人類的共同概念所做的比喻）：因欲望而犯罪的人比因憤怒而犯罪的人更應該受到譴責。

因為因憤怒而激動的人看來是被某種痛苦和潛意識裡的患病而失去了理性；但因欲望而犯罪的人，被愉悅所戰勝，他的犯罪的方式更放縱和更懦弱。接著，他又用一種配得上哲學的方式說，因愉悅而犯罪比因痛苦而犯罪更應該受譴責。

總之，前者似乎是先被別人冒犯，痛苦被迫轉為憤怒；後者則是被自己的衝動驅使而犯罪，被欲望驅使而做錯事。

既然你很可能在此時離開人世，那就相應地整理你的每一個行動和思想吧。但要從芸芸眾生中離開，如果有神明存在，那並不是什麼可怕的事情，因為神明不會使你捲入邪惡；但如果它們確實不存在，或者如果他們對人類的事務並不關心，那麼我生活在一個沒有神明或神意的宇宙

裡又有什麼意義呢？

　　但事實上它們是存在的，它們並不關心人類的事務，並且它們已經將一切手段都放入人的力量之中，使人類不陷入真正的惡。至於其他的惡，如果有的話，神明也不會讓人陷入惡中。

　　一個人是完全有力量決定自己是否會陷入惡中的。既然它們不會使人變壞，又怎麼會使人的生活變壞呢？宇宙的本性可能會忽略它們，但既不是因為無知，也不是因為有知，也不是沒有力量去防衛或者糾正這些事情，更不是宇宙的本性可能犯了一個巨大的錯誤，使好事和壞事不加區分地發生在好人和壞人身上，而這並不是因為它缺乏力量或者技巧。

　　但肯定的是，死亡和生存、榮耀和恥辱、痛苦和快樂以及所有這些都同等地發生在好人和壞人身上，成為使我們變得更好或更壞的東西。因此，他們既不是好的也不是壞的。

❀ 人只能活在當下

　　所有這一切發生得多快呀，在宇宙中是事物本身消失，在時間中是它們的記憶消失。

　　這就是一切可感知的事物，尤其是以快樂為誘餌或是以痛苦為恐嚇的事物，或是那些如蒸汽般遠播國外的浮名的性質。它們是多麼無用、可鄙、骯髒、腐壞和易逝啊！

所有這一切都是理智能力需要注意的。理智能力還需注意的是那些以發表意見和言論博取生命的人，注意死亡是什麼，以及這樣一個事實，即一個人觀察死亡本身，藉由反省的抽象力量將他想像中關於死亡的一切分解成各個部分，那麼他就會把死亡視為只不過是自然運轉的一個部分；如果一個人害怕自然的運轉，那他就是個孩子。

　　然而，這不僅僅是自然運轉的一部分，而且是有益於實現自然目標的事情。理智能力還需注意人是如何接近神性的，運用人的哪一個部分去接近神性，以及這個部分是在什麼時候這樣做的。

　　沒有什麼比這更可悲的了：一個人旋轉著穿越一切，就像詩人所說的那樣，打聽地下的事情，臆測鄰居內心的想法，而不懂得只要專注於自己內心的神並真誠地尊崇祂就足夠了。

　　尊崇自己的神包括避免激情、自私和對神明和別人的不滿，保持內心的純潔。因為來自神明的東西是具有優越性的、值得我們崇敬的；而來自人的東西，由於我們和他們存在血緣關係，我們也是應該珍重的；有時他們甚至在某種程度上因對善惡的無知而引起我們的憐憫；這一缺陷不亞於那些剝奪我們分清黑白是非的力量的東西。

　　盡管你希望活到三千年，甚至數萬年，但你仍然要記住，任何人失去的不是什麼其他的生活，而是他現在的生活；任何人過著的不是其他的生活，而是他現在過著的生活。

因此，生命的長久或短暫都是一樣的。盡管已經逝去的是不一樣的，但現在對於所有人都是一樣的。因而，逝去的東西看起來僅僅是一個瞬間。

因為一個人既不能失去過去，也不能失去未來，因為如果一個人什麼都沒有，那麼別人又怎麼從他身上奪走這些東西呢？

這兩件事情你一定要牢記於心：

第一，來自永恆的東西猶如形式，是在一個圓圈中打轉輪迴的，它決定了一個人在一百年、兩百年或是無限的時間裡是否看見相同的東西。

第二，最長壽的人和最短命的人失去的東西都是一樣的。因為現在是一個人唯一能夠被人剝奪的東西，如果這真的是他唯一擁有的，那麼一個人就不可能失去他沒有的東西。

記住一切都是意見。因為犬儒派摩尼穆斯所說的話是很顯然的，如果一個人注意從中汲取教益，這些真話的用途也是很明顯的。

人的靈魂的確是會自我摧殘的：

第一，是在當它成為或者可能成為一個膿瘡、一個宇宙中的腫瘤的時候。因為對任何發生的事情感到憤怒就意味著我們與自然的分離；

第二，靈魂的自我摧殘發生在當它被從人身上移除，

或是以傷害為目的靠近人的時候，比如那些憤怒的人的靈魂；

第三，靈魂的自我摧殘發生在它被快樂或痛苦戰勝的時候；

第四，當它扮演一個角色，言行不真誠的時候；

第五，當它允許自己有任何無目標的行為，做任何不加考慮和不加辨別的事，因為甚至是最小的事情也需要一個參照才能做對，而理性動物的目標是遵循理性和最古老的城邦的法律。

人的一生只是一個時間點，物質處於一種流逝中，感知是遲鈍的，整個身體的結構是容易腐爛的，靈魂是一個漩渦，命運是難以捉摸的，名聲是不根據理性來判斷的。總而言之，一切屬於身體的東西只是一條溪流，一切屬於靈魂的東西只是一個夢幻。

生活是一場戰爭，一個過客的旅居，名聲過後就會被遺忘。那麼什麼是能夠主宰一個人的東西？只有一件而且是唯一的一件，那就是「哲學」。

但這包括保護人內心的神，使之不自我摧殘和受到傷害，超越一切痛苦和快樂，不做毫無目標的事；拒絕虛偽和欺瞞，漠視別人做或不做任何事情的需求。

此外，接受所發生的一切、所分配給他的份額，不管它們是什麼，不管它們來自哪裡，都把它們當作從自己的地方來一樣；最後，以愉快的心情等待死亡，就像與構成每一樣生物的元素的分解一樣。

51

但如果在每一個事物的不斷變化中元素本身並沒有受到損害，那麼人又何必對一切元素的改變和分解感到憂懼呢？這是按照本性進行的，而本性的東西是沒有惡的。

作於卡農圖姆

卷三
別讓肉體控制你的靈魂
再寶貴的榮譽也不過是過眼雲

卷 三

❀ 別讓肉體控制你的靈魂

1 我們需要擔心的不只是我們的日子一天天地過去，剩下的時光越來越短，還有一件事我們也不得不去考慮，那就是，即使生命仍在繼續，我們卻不敢肯定我們對事物的理解力也會繼續，我們是否仍舊可以思考關於上帝、關於人類的問題？

因為，如果人逐漸衰老昏瞶，他仍會出汗，仍然需要營養，仍會時不時地幻想一番，仍舊會覺得饑餓，諸如此類的一切活動依然在繼續；但是有一種能力，那種可以使我們充分發揮自己的優勢，恪盡職責，辨別是非，使我們明白一個人是否將不久於人世等諸如此類需要發揮理智作用的問題所必不可少的能力，卻已不復存在。

因此我們必須抓緊時間，不僅僅因為我們一天比一天接近死亡，還因為我們理解事物、思考事物的能力甚至會比生命更先一步停止。

2 我們還應該注意到，甚至是那些伴隨著別的事物而生的東西，其本身也有令人愉快、吸引人的一面。比如，烤麵包的時候麵包的表皮會出現開裂，這些開裂的部分雖然有悖於麵包師的初衷，從某種意義上來說卻是美的，而且以其特有的方式使人垂涎欲滴。

再比如無花果，當它熟到一定程度就裂開了口；還有

橄欖，當其成熟幾近腐爛的時候卻給人一種特殊的美感。

再如玉米低垂的穗，獅子的濃眉，野豬嘴裡的涎水，以及其他許許多多的東西，雖然遠遠談不上什麼美，但如果認真審視一下仍不失為一種裝飾，讓我們覺得愉快，因為它們本身就是自然事物的一部分。

因此，如果人對宇宙中的一切事物都懷有一種情感，對事物有更深的瞭解，那麼在他看來，幾乎任何事物都有其令人愉快的一面。

因此，哪怕是真的看到野獸齜咧的大嘴，其愉快感比起欣賞畫家或雕刻家的模仿之作來說也會毫不遜色。

在老人身上他能看到那種成熟從容的美；他可以用單純的目光欣賞青年人那充滿魅力的可愛；許許多多諸如此類的事物，儘管並非在每個人看來都是那麼賞心悅目，但是對那些，也只有對那些真正瞭解大自然及自然界一切事物的人來說卻毋庸置疑。

3 希臘名醫希波克拉底一生治病救人無數，但自己最後也為疾病所困命喪黃泉。

東方的算命先生們曾預言無數人的生死，但最終誰都無法擺脫自己的命運。

亞歷山大大帝、羅馬政治家兼軍事將領龐貝、尤利烏斯‧凱撒大帝曾使一座座城池變成廢墟，戰場上讓千千萬萬的士兵身首異處，卻終究也沒能免得一死。

希臘哲學家海拉克利特斯曾做過宇宙燃燒的無數次推

斷，最終卻溺水而亡，死時身上沾滿泥濘。

而希臘的另外兩位哲學大師德謨克利特與蘇格拉底最終都死於小人之手。所有這些意味著什麼？

你登上航船，駛過旅途，到達彼岸，上得岸來。如果這次旅行是通往來生，那麼無需神的存在，不管今生還是來世。

但如果是為了達到一種沒有知覺的狀態，那麼從此將不再為痛苦或快樂所煩擾，不再是生活的奴隸：彼岸是智慧與神明，而此岸只有世俗與墮落。

4 即使當我們沒有什麼實際問題可以考慮的時候，也不要將我們剩餘的生命浪費在猜測別人如何上，因為當我們在關注別人時，想他在做什麼，為什麼這麼做，猜他說什麼、想什麼、搞什麼鬼等諸如此類的事時，我們就無法再關注自己的能力，從而會失去很多做別的事情的機會。

一切無用的思想都應該制止，尤其是那些過於好奇或惡意的情感傾向。

人的思想應僅限於那些當別人問及你在想什麼時，你可以毫不猶豫地坦誠所面對的問題。

這樣你的話語就能清楚地展現出你內心的簡單與善意，展現出一個有益於社會的人，而不是一個隻想著肉體快樂或享受的人，內心不含任何敵意、嫉妒、猜疑或其他什麼如果說出來讓自己感到臉紅的思想。

這樣的人是首屈一指的人，就好比是諸神中的牧師，

他們充分發揮了自己內心的神性，從而使自己不為快樂所擾，痛苦所困，面對別人的侮辱可以絲毫不受影響，沒有任何的罪惡感，是神聖戰爭中的勇士，不會被激情淹沒，永遠正直無私，敞開心胸，打開靈魂，接受命運安排的一切；並非經常，但必要時為著公眾利益，也會想像他人在說什麼、做什麼、想什麼。

他僅為著本來屬於自己的東西而奮鬥；不斷地思索著命運分配給自己的一切，力求使自己的行為公平，堅信自己有一個好命運，因為一個人的命運會伴其一生，人終其一生都無法擺脫命運的安排。

他牢記，一切理性動物皆是兄弟而且關心他人是人性的展現；人不應附和所有人的觀點，但那些按自然法則生活的人，他們的觀點卻一定要尊重。

對於那些不按自然法則生活的人，他時刻牢記他們在家是什麼樣的人，在外又是什麼樣的人，晚上什麼樣，白天又什麼樣，他們都做什麼，又跟什麼人在一起。

因而如果這些人甜言蜜語地來奉承，他也不會沾沾自喜，因為他明白這些人甚至對自己都不滿意，又怎麼可能會真心實意地誇讚別人呢。

5 如果行動就要心甘情願，考慮過利害關係，經過深思熟慮之後，就要全心全意地去努力；切莫流於形式而不假思考，切莫只說大話，或樣樣通而樣樣不精。

讓我們內心的神性成為我們生命的守護神，守護我們

長大、成熟，而我們則像政治家、像統治者一樣，恪守著自己的職位，時刻等待著生命的信號，隨時準備出發，無需向誰宣誓，也無需有誰做證。

要滿懷樂觀，不要尋求外界的幫助，也不要期望別人能給我們寧靜。人的確需要挺立在天地間，但不是在別人的幫助下。

6 如果你發現人生中能有什麼比正義、真理、克己、堅毅更加美好。

簡而言之，有什麼能比無需選擇就自動促使你行動起來的思想並自我滿足更加美好的事物，那就全身心地奔向它吧，享受你發現的最美好之物。

如果沒有什麼比你內心的神性更加美好，它幫你一一過濾所有的欲望，一絲不苟地審視眾多的印象。

正如蘇格拉底所說，它遠離了直覺的干擾，服從神的意志，關注著人類；如果你沒有發現什麼比這更美好、更偉大、更有價值，那麼就永遠都不要放棄祂至高無上的地位，一旦放棄，一旦偏離，就再不是全心全意地傾向於我們生命中擁有的那美好之物了。

因為在理性上、理論上、情理上美好的事物，是任何其他事物，如他人的讚美、權力、享樂等都無法媲美的。

此類事物雖然看似是有那麼一點在迎合我們的美好之物，卻會乘機奪取它至高無上的地位，讓我們迷失自己。

那麼照我說就直接選擇美好的事物吧，並且要一直堅

持這個選擇，但什麼有用什麼就叫美好啊，你也許會說了是有這一說的，如果某個東西在作為理性動物的你看來是有用的，那麼它就是你的首選但如果僅對於作為動物的你來說是有用的，還是相信你理性的判斷吧但要注意必須有合適的區分之法。

　　7 不管是什麼東西，如果它迫使你背叛承諾、喪失自尊、憎恨他人、心生疑慮或詛咒、變得虛偽，讓你產生見不得人的任何欲望，那麼永遠都不要將其視為有益之物。

　　將智慧、守護神及守護神之崇拜視為至高無上之人，他不狡詐行動，也不暴跳如雷，將不會獲得所有的尊敬和同情。

　　簡言之，他既無輕生之念，亦無懼於死亡；也不會在乎生命之長短：哪怕死亡就在眼前，他也會像對待任何其他事情一樣，不失那份從容與高貴。

　　終其一生只在乎一件事，那就是，只關注一個理性的人，一個文明社會的成員應該做的一切。

❀ 再寶貴的榮譽也不過是過眼雲煙

　　8 純潔乾淨的靈魂沒有任何墮落、污穢，亦沒有任何傷痛。即使生命突然間結束也不會有任何的遺憾，不像人們說某個演員突然離開舞臺那樣，「遺恨終生」。在他身上看不到任何奴顏婢膝或矯揉造作，對任何東西既不刻意

追求亦不刻意疏遠，沒有任何可譴責之處，也沒有任何見不得人的地方。

9 要尊重我們理性思維的器官。

正是這一器官決定我們頭腦中是否存在與自然和理性不相協調的因素；而且正是得益於這一器官，我們才得以避免做出草率的決定，才有人與人之間的友誼長存，才有對諸神的恭敬虔誠。

拋棄一切浮華，珍惜眼前的時光；時刻牢記，每個人所能把握的只有眼前看得見的短暫時光，過去的已經過去，未來的飄忽不定，均非我們力所能及。

每個人的生命之光都是短暫的，生存之所是有限的；人死後名字還能流傳多久呢？

再顯赫的人物，也會很快被人淡忘，更何況只有活人才有記憶，而活人也會很快死去，死後甚至連自己都不記得，又怎麼可能還記得在他們之前就死了多少年的人呢！

除上述種種建議之外還需再添加一條對任何呈現到眼前的事物都要下一個精確的定義或進行詳盡的描述，因為只有這樣才能從實質上、從整體上把握其本質；明確其名稱，確定其由什麼構成，又會分解成什麼。

因為對於思想的昇華來說，還沒有什麼比對呈現到我們生命中的事物有條不紊地加以研究更加有效呢。

看見什麼都要想一想這是一種什麼樣的宇宙現象，其

各個構成部分又是怎樣運轉，部分對於整體而言有什麼價值，它對於最高級社會的成員人類而言又有什麼價值；弄清楚每一事物的本質，明確其構成，弄清其眼前的形態能維繫多久，我們又為何會需要它。

比如是因為我們渴望溫柔、男性氣概、真相、忠誠、簡單、滿足，等等，還是其他什麼原因。

面對任何事情我們都應說：這是上帝的旨意；這是命運的牽引，是機緣巧合；這是我們同伴的安排，而其之所以這樣做純粹是其天性使然。

因此我們在處理與他人的關係時也要本著我們的天性，本著善意、公正的原則。然而與此同時，也要衡量一下其與那些無關事物之間的價值關係。

如果你能在理智、嚴格、冷靜、客觀的指引下全神貫注於眼前的事物而毫不分神，好像隨時都可能有人將它帶走那樣；如果你能像這樣堅持下去，無所期待亦無所恐懼。

只有對於眼前的事物，對於自己所說的每一句話（沒有一句謊言）都滿足，那麼你就是一個幸福的人，而且沒有人可以阻止你的幸福。

就像醫生身邊總帶著藥具以備隨時治病救人一樣，我們也有自己的原則方法以備隨時理解思考事情，而我們要做的事情無論再小，也不要忘記神聖與世俗之間的關係。

因為，任何世俗的事情如果做好了就是一件神聖的事，反之亦然。

不要再漫無目的地徘徊，因為當你真的老了的時候，

你不會讀自己的自傳，不會閱讀希臘、羅馬人的生活，也不會閱讀年輕時為自己備下的名著選讀。

抓緊時間朝著命運規劃的人生目標努力吧，如果是真的愛自己，就拋棄那些空洞的幻想，趁著自己還有能力的時候幫助自己去實現這一目標吧。

很多人不知道「偷竊」、「播種」、「購物」、「安靜」、「明確自己該做什麼」等究竟有多少種涵義，這是因為它不是憑眼睛就能看得出來的，而是需要憑藉另一種形式的「視力」。

對於肉體、靈魂和智慧而言，聲色感覺屬於肉體，欲望屬於靈魂，而原則屬於智慧。

僅憑外表而定印象是動物的行為；受欲望牽引的則是野獸或受女人控制的男人。

僅憑智慧去實現看似合理的目的是不信神的人的行為，是可能背叛自己國家、關起門來可能做出壞事的人的行為，是像暴君法拉利斯和尼祿之類的人會做的事。

如果說上面我提到的那些都是一個普通人所具有的話，有一樣是只有好人所特有的，那就是滿足於現有的一切，滿足於命運的安排。

崇拜內心的神性，不去打擾它，給它寧靜，像對待真神一樣地畢恭畢敬，言語不悖事實，行動不悖良心。

即使沒有人相信他簡單、謙恭、怡然的生活，他也不慍不怒，更不會因此偏離了自己的人生路，而沿著這條路走下去的人會變得純潔、寧靜，超然於生死，讓一切聽從

Book Three　卷 三

命運的安排。

你究竟為何事感到不滿呢？是因為人類的罪惡嗎？讓你的心靈回顧這個結論吧，那就是，理性生物是互相依存的，忍受是公正的一部分。

卷四
不要沒有目的地盲目行動
不斷觀察萬物的變遷

卷 四

❀ 不要沒有目的地盲目行動

1當支配內心的力量符合本性時，對所發生的事情就十分敏感，以至於心靈總是很容易就使自己適應了所要面對的情況。

]因為它並不需要確定的方式，只是努力靠近目標，無論處於什麼樣的情況之下；它甚至從相對的事物中獲得素材，就好像火焰總會裹挾掉落其中的東西一樣，倘若只是星星火苗，很可能就被這掉落的東西熄滅了，但如果火焰熊熊，就會迅速地將掉落的物體燃燒盡，並會藉此使得火勢愈加旺盛。

2不可無目的地盲目行動，而要遵循技能的完善原則。

3人類為自己尋覓著僻靜的隱居地，他們住在鄉間、海濱和山野之中；你也非常渴望居住在這樣的地方。

但渴望這些正是凡夫俗子的標記，因為無論你何時想選擇隱居，你都有能力找到隱居的地方。因為無論隱居到什麼地方都沒有比退居到靈魂深處更能獲得安寧，更能擺脫苦惱，尤其是如果他心裡是這麼想的，並對此展開思考時，他就能立刻進入寧靜祥和的境界之中。

我要申明的一點是：寧靜不過是內心秩序的井井有條。

那麼就讓自己隱退在靈魂深處吧，讓自己煥發新的活力；讓你的原則簡約而深切，這樣，只要你的腦海裡浮現該原則，就足以徹底地淨化靈魂，並使你擺脫所有的不滿，重返樂土。

　　而你究竟為何事感到不滿呢？是因為人類的罪惡嗎？讓你的心靈回顧這個結論吧，那就是，理性生物是互相依存的，忍受是公正的一部分。

　　人類行惡並非自發性的；想一想已經有多少人在經受了相互仇恨、猜疑、敵對之後還是難逃一死，化作灰燼；想到這，你最後得到了真正的寧靜。

　　然而，也許你是因大自然分配給你的東西而不滿。那不妨回憶回憶這兩個選擇：或許是天意或許是原子（即事物的偶然性）；或者想想那些爭論，它們證實了世界是一種政治社團，想到這些，你最後得到了真正的寧靜。

　　可是也許身體上的疼痛仍然纏著你不放。那就考慮得更深遠些，想一想心靈和呼吸不同，不管是平緩還是強烈的呼吸，當心靈孑然獨立，就會發現自身的力量，也想一想你關於苦樂的見聞和看法，這樣，你就得到了最終的寧靜了。

　　也許對所謂的聲譽的渴求正折磨著你。那就看看一切是那麼快就被遺忘，再看一看現在無限時間各個方面的紊亂，讚美背後的空虛，還有那些假裝說一些溢美之詞的人評價的多變和貧乏，以及被限定了的空間的狹窄。

　　這樣，你就會最終得到寧靜了。因為整個地球就是宇

宙裡的一個小點，而你居住的地方又是多小的一隅啊，在那裡存在的事物多麼貧乏，而那些將要讚揚你的人又是什麼樣的人啊。

銘記一點：退居在你自身的小小的角落，尤其是不要讓自己分心或是緊張，而是要自由自在不受拘束的，以一個人、一個存在體、一個公民、一個凡人的角度去觀察這些事物。

然而，對於那些你伸手可及的東西，就讓它們存在於那裡吧，無非是兩類事物：一類是不會觸及靈魂的事物，因為它們都是外在的、不可變更的；不過我們的不安也正是來自內心對這些事物的看法。

另一類是所有的這些事物，你看到它們迅速地改變並消失；始終要記住一點：你已目睹了多少的改變。宇宙是一種轉變，而生命是一種看法。

4 如果我們擁有共同的思維，那麼我們作為理性存在體，理性也是共同的：

如果真是這樣，知道我們該做什麼、不該做什麼的理智也就是共同的了；

如果真是這樣，那就也存在一個共同的法則；如果真是這樣，我們便是夥伴關係的公民；

如果真是這樣，我們便是同一個政治社團的成員；

如果真是這樣，我們的世界在某種意義上來講便是一個國家。因為有誰會說人類是其他共同政治社團的成員

呢？

因此，從這個共同的政治社團裡，我們得到了思考能力、推理能力以及守法能力；要不然這些才能是從何而來的呢？

因為正是大地賜予了我身體裡土性的一部分，從別的元素中得到水性的部分，從某種特殊的來源裡獲得了熱情暴躁的部分（從虛無中只能得到虛無，虛無也只能回歸到虛無），因此，理性的部分也是從某個來源處獲取的。

5 死亡和生殖一樣，都是大自然的奧祕；從相同的元素中組成，又分解為那個元素。

總之這並不是人類應該羞愧的事，因為這並不違背理性動物的本性，也不違背我們自身結構的理智。

6 由某種人做這些事是很自然的，這是必然的事情；如果一個人不能容忍這樣的事，他也就無法容忍無花果樹產生樹液，可是不管怎樣都要記住這一點：那就是你和他都要在不久的將來死去，而你的名字甚至也會很快被人們遺忘。

7 拋開你的看法，那樣你也就拋開了煩惱，諸如「我被傷害了」之類的煩惱。

當你拋開這一煩惱，「我被傷害了」，該傷害也就隨之消失了。

8 不會使人變壞的事物也不會破壞他的生活，更不會從外界或是內心傷害到他。

9 普遍有用的事物是因被本性驅使而去做有用之事的。

把發生了的事都當成是理所應當的，如果你仔細觀察，你就會發現事實真是如此。

我並不是說，只有一系列事情的連續性是這樣，而是在討論什麼是應當發生的，就彷彿是指派了萬物價值的人做的一樣。

那麼再像你剛剛開始時那樣觀察，不管你做什麼，都要結合到這一點，行善事上，並且要有為大眾認可的行善意識。在一言一行中都要注意這一點。

對萬事萬物都要真實地看待，切不可像那些誤解你的人那樣看待萬物，也不可如他們所願的那樣對事物存有偏見。

一個人應當隨時隨地把這兩條規則銘記心裡：

其一，只做道德和法律建議的對人類有益的事情；

其二，如果有人糾正你的看法，或是想要移除你的看法，那就是在改變你的主張。

然而，這裡所說的改變自己的主張必須是由於別人的勸說，就像是對於正義的延伸以及共同利益或者相似的問題的勸說一樣，而不是因為改變自己的主張會帶來愉悅和聲譽。

你有理智嗎？我有。那麼，為什麼你不運用它呢？因

為如果你開始運用理智了，那你還想要別的什麼呢？

　　你是作為一個部分而存在的。你也將會消失在創造你的物質中；但是更準確地說，你將藉由嬗變回歸到繁衍原則中去。

　　同一張聖餐桌上的大量乳香，一滴先滴落下，另一滴隨後滴落下，但是它們並沒有什麼不同。

　　十天之內，在那些現在視你為野獸或是野猿的人將會把你奉為神靈，只要你回歸自己的原則以及對理性的崇拜。

　　不要像是能活一萬年地生活。死神正窺視著你。當你還活著，當你還有能力時，還是多多行善吧。

　　那些不在意鄰居所說、所做和所想的人避免了多少麻煩，這些人只是關注自己的所作所為是否正義廉潔的；正如阿加松所說的那樣，不要東張西望看其他人的道德淪喪，而是要沿著正義的軌跡筆直地前行，不可偏離。

　　急切追求身後名聲的人不會想到，其實那些記住他的人很快也會死去；接著他們的子孫後代也死去了，所有關於他的記憶都隨著那些愚昧崇拜的人們的死去而最終消失了。

　　然而不妨假設一下，那些將會記住他的人永遠都不會死，關於他的記憶永遠都不會消失，即使這樣，對於他來說又有什麼意義呢？我並不是說這對死者有何意義，而是想說，這對活著的人有什麼樣的意義呢？

　　稱讚確實有某種功用，但除此以外又能帶來什麼呢？

因為現在你不合時宜地拒絕了大自然的這份恩賜，而堅持其他的某種觀點……

在某種意義上看，美麗的事物其本身就是美麗的，它的美麗是來源於自身，不需要稱讚作為自身的一部分。

那麼即使被稱讚了，也不會使某事物變好或者變壞。我堅持認為這同樣適用於凡夫俗子眼裡的所謂的美麗事物，比如物質的事物或是藝術作品。

真正美麗的事物並不需要任何附屬品，除了法則、真理、仁愛以及謙遜。這些事物難道是因為被稱讚了所以才美麗的嗎？或者因被責罵了而被損壞了嗎？像祖母綠之類的事物難道因沒被稱讚而貶值了嗎？比如黃金、象牙、紫袍、七弦琴、匕首、鮮花還有灌木。

如果靈魂仍然存在，大氣怎樣才能無窮無盡地容納下它們呢？可是大地又是如何容納下自古以來被埋葬的死者的軀體的呢？因為這些屍體在經過一段時間以後發生了改變，不管變成了什麼，它們的分解都為其他死者的屍體提供了空間；而那些在土地裡保存了一段時間之後，經過分解擴散到大氣中的靈魂也是這樣，它們在融入宇宙的繁衍智慧後獲得了烈焰般的天性，然後以這樣的方式為到那裡的新的靈魂提供空間。

而這便是一個人對靈魂仍然存在的假設可能給出的答案。

但是我們必須不僅僅考慮到被埋葬的屍體的數量，同時也要考慮到我們和其他動物每天吃掉的動物的數量。因

為被消費掉的動物的數量是多麼大的數目啊,而在某種意義上來講,牠們都是被埋葬在食用牠們的動物的體內!不過,大地還是以將屍體轉變為血液、氣體以及火焰般的元素而接受了牠們。

在這件事上,對於真理的探究到底是怎樣的呢?那就是區分形式的因和果。不要左顧右盼,而要在一言一行中尊崇正義,並且每次對某個事物形成印象時都要保持良好的理解能力。

哦,宇宙啊,一切與你和諧相伴的事物也都與我和諧相伴。於我而言,沒有什麼是過早或者過晚的,一切都是在正合適的時間到來的。哦,大自然啊,一切於我都是四季帶來的豐碩的果實:萬物都來源於你,萬物都存在於其中,萬物都要回歸到你的懷抱。詩人說,親愛的塞克洛普斯城;而你不是要說,親愛的宙斯之城?

哲人說,如果你想要得到安寧,那就少讓紛繁的事物侵佔你的心靈。然而不妨考慮一下這樣說是否更好:做必要的事,做符合社會利益以及動物理性的事,並且還要像所要求的那樣做。因為這樣帶來的安寧不僅僅是由於好好地完成了工作,還因為做了較少的事。

因為我們的所說所做大部分並不是必要的,倘若一個人拋開這些,他將獲得更多的休閒時光、更少不安的情緒。因此每次要做一件事時,都應該問問自己,這是沒有必要做的事嗎?現在每個人都應當不僅拋開那些不必要的行為,還要拋開不必要的想法,因為這樣就不會有多餘的

事了。

試一試，怎樣適應做一個好人的生活？所謂的做好人的生活就是要對於他從整體中分得的那一部分感到滿足，還要對自身正義的行為以及仁愛的天性予以滿足。

你曾看到過那些事嗎？也要看看這些。不要使自己煩惱。使自己孑然一身。有人做錯事了嗎？即使有也是對自己犯的錯。你發生什麼事了嗎？好吧，自古以來，宇宙間發生的所有的事就是分配好了，注定要發生在你身上的。總而言之，生命如白駒過隙。你必須以理性和正義的名義充分利用現在的時光。即使放鬆的時候也要保持頭腦清醒。

這要麼就是秩序井然的宇宙，要麼就是擠作一團的混沌空間，但這仍然是一個宇宙。然而，你自身是否能存在一種秩序、而萬物卻處於無序混沌（亂）的狀態呢？當萬物都被隔離、擴散、產生共鳴時，你同樣要保持這樣的秩序。

性格是多種多樣的：邪惡的、唯唯諾諾的、頑固的，又或是粗野的、幼稚的、野蠻的、愚昧的、虛偽的、粗俗的、欺騙的、暴虐的。

倘若他不瞭解宇宙裡有些什麼，那麼他也就不能知曉宇宙間發生了些什麼。他是一個背離社會理性的逃亡者；他是一個拒絕睜開理解雙眸的盲人；他還是一個可憐蟲，和別人一樣有需求，卻不能為自己創造有用的東西。他是宇宙間的一個膿瘍，不滿於發生的一切，脫離了我們共同

的大自然的理性，因為是藉由一個大自然創造了這些，也創造了你他是從國家統一體裡分離出來的一個碎片，他還把自己的靈魂從理性生物的統一體中分離出來。

兩個哲人，一個沒有穿束腰外衣，另一個沒有隨身攜帶書籍的。而這裡還有一個半身赤裸的哲人：他說，我沒有麵包，我遵從理性。我還未從學識中頓悟生存之道，但我遵從理性。

熱愛藝術吧，即使是貧乏的藝術，你已經得知了這一點，但要滿足於此；像是一個已將全身心投入到對神靈的信仰的人那樣度過餘生，使你自己既不變成暴君又不變成任何人的奴隸。

❁ 不斷觀察萬物的變遷

比如不妨想一想維斯帕先時代。你將會看到所有這些事情，人們婚喪嫁娶、養育後代、生老病死、戰爭、宗教節日、買賣、耕種、阿諛奉承、自負、猜疑、陰謀、詛咒、抱怨、愛情、聚斂錢財、渴求法老王的權勢。然而這些人現在早已不復存在了。我們再來到圖拉真（Trajan）時代。情況也是一樣。

而他們也已離開這個世界了。相似的，再來看看歷史上的其他階段以及各個民族，看一看有多少人付出巨大的努力之後不久就倒下了，分解成了不同的元素。

不過你主要還是應當想想那些你熟悉的人們，他們因

為瑣碎的事情而分心，他們疏忽了要去做符合自身結構的事，堅持做合適的事情，並以此感到滿足。在此就有必要記住一點：對萬物的關注有自身的價值和比例。因此你就不會不再滿足了，只要你恰如其分地關注瑣碎之事。

曾經很熟悉的詞語現在已經過時了：同樣的，那些過去擁有盛名的人的聲名在某種程度上來說也已被遺忘了，比如卡密魯斯，凱撒，沃勒塞斯，里奧納圖斯，以及稍後的希皮歐，加圖，以及後來的奧古斯都，哈德良（Hadrain），和安東尼（Antoninus）。因為一切都已隨風而逝，僅僅變成傳說，而它們都被徹底遺忘了，已被淹沒在歷史的長河之中。我說的這種情況也適用於那些以完美的方式發出耀眼光芒的人群。

而對於其他的人，一旦停止了呼吸也就消失了，不再有人談論起他們。總之，究竟何為永恆的紀念？其實什麼也不是。那麼我們應該為之嘔心瀝血的事業又是什麼呢？它就是公正的判斷、社會化的行為、不說謊言、樂於接受發生的所有事情的樂觀性格，把這些事都當作是必然要發生的、尋常的、本於原則的事情。

願意把自己獻給命運女神之一的克羅梭，就讓她隨心所欲地紡織你的命運之線吧。

一切都只存在一天的時間而已，不管是記住的還是被記住的。

不斷觀察萬物的變遷，養成思考的習慣，思考宇宙本性是那麼熱愛改變已然存在的事物並創造出與它們相似的

新的事物。因為存在著的萬物在某種程度上來說都是未來新事物的種子。然而你只想得到孕育在土壤裡或是子宮裡的種子，但這是一個非常庸俗的想法。

你不久就是要死去的，然而你並不樸實，也沒有擺脫煩惱，沒有擺脫可能要為外界事物傷害的猜疑，更沒有學會善待萬物，你並沒有將自己的智慧運用於正義地作為中去。

考察人們主要的原則，就連那些充滿智慧的人也要考察，他們在迴避什麼，又在追求什麼呢？

對你而言的罪惡並不存在於別人的原則之中，也不存在身體的轉變中。那麼罪惡究竟在哪裡呢？其實它是你的一部分，它就存在於你對於罪惡形成個人看法的能力之中。那就不要讓這種能力形成對惡的看法，相信一切都是善良的。

而如果最接近它的可憐的肉體被灼傷、腐蝕，也不要讓那個形成看法的部分保持冷靜，也就是說，要讓它判斷公平地發生在惡人或是好人身上的事沒有好壞之分。

因為同樣發生在違背本性和依從本性生活的人身上的事情既非遵從宇宙本性，也並非有悖於本性的。

始終要把宇宙當作是一個有生命的存在體，有靈也有肉；還要觀察萬物是如何與感知能力，有生命的存在體的感知力發生關聯的；萬物又是如何與運動和諧存在的；如何與存在著的萬物的因相互合作的；同樣也要觀察命運之線不斷糾纏以及交際網路各部分的關聯。

彼特圖斯曾經說過，你是一個裹挾著肉體的微不足道的靈魂。

事物的改變並不是罪惡，而事物經歷變化繼續存在也並非不是什麼好事。

時間就像是一條由發生的一連串事件組成的河流，一條湍急的河流；因為一被看見的事物立即就被河水裹挾走了，而立刻就有另一個事物取代了它的位置，而它也會很快被取代。

發生的所有事情都如春天裡的玫瑰、夏天裡的果實一樣為人所熟知，而疾病、死亡、誹謗、背叛還有其他讓愚蠢的人開心或煩惱的事也同樣為人所熟悉。

在一系列事情中，後發生的總是和先發生的相契合；因為這一系列的事情並非僅僅像是脫節的事的列舉，也並非僅僅是必然發生的一連串事情，而是理性的關聯：就像一切存在的事物被安排和諧相處一樣，因此這些事物表現出的不僅僅是連續的序列，更是某種精彩的聯繫。

永遠都要記住海拉克利特斯的一句話，土死即變為水，水死即變為氣，氣死即變為火，然後再倒轉過來。

也要想想那些忘記了前方道路通向何方的人們，想想他們與其常常接觸的人爭吵，統治宇宙的理性，每天遇到的似乎是陌生的事情：想想我們不應該像以睡眠狀態去行動、說話，因為我們即便在睡眠中也會行為和說話；我們也不應該像孩子般，從家長那裡學到如何行為和說話，只是簡單地像被教導著那樣行為和說話。

如果有神靈告訴你你明天就要死去了，或者是後天，你不應該在意死神究竟是在第三天還是明天，因為這其中的區別是多麼小啊。

　　因此不要把死亡當作是件大事，多年之後死去和明天就死去並沒有什麼大的區別。

　　接著再想想有多少醫生在常常對病患者緊皺眉頭後死去了；

　　有多少占星家在自命不凡地預告別人的死亡後自己也死去了；

　　多少哲人在無休止地討論死亡或永生的問題後死去了；

　　多少英雄在斬殺數萬敵人之後還是死去了；

　　多少暴君肆無忌憚地使用他們操縱子民性命的人，以為自己是永生的，可最後還是死去了。

　　再說多少的城市已徹底毀滅了，例如赫里斯、龐貝和赫庫蘭尼姆還有其他數不盡的城市。

　　把你知道的人加起來，一個接著一個。一個人埋葬了另一個人，接著又有人掩埋了他：這一切都發生在很短的時間裡。

　　總而言之，始終要觀察人類是多麼短暫的存在，多麼渺小，而昨日只是一點點黏液的東西明天就變成木乃伊或是灰燼。那麼就根據本性自然地藉由該時間空間，在滿足裡結束旅程，就好像一棵橄欖在成熟之後掉落下來，這都靠大自然創造了它，也要歸功於它生長的那棵樹。

就像是海浪不斷拍打的海崖，但是海崖依舊堅定地挺立在那裡，馴服著四周怒吼的海浪。

我並不快樂，因為此事正發生在我的身上。不要這樣想，而是要想我是快樂的，盡管這事發生在我身上了，因為我依舊置身於痛苦之外，既不因現在而受創傷，也不因未來而憂心忡忡。

因為諸如此事的這一類事情也許已發生在每個人身上了；然而不是每個人在遭遇這事時都能置身痛苦之外的。

那麼為什麼這不是一件好事而是一件不幸的事呢？難道只要是遭遇了偏離了人類本性的事，你才稱之為不幸嗎？如果違背了人類原本意願的事情，你就認為是偏離了人類本性的事嗎？哦，你理解本性的意願！那麼發生的這件事會阻礙你成為一個正直、有器度的、審慎的、體貼的人嗎？

它會阻止你成為一個謙遜的、自由的以及擁有其他美好品質的人嗎？而事實上，人類的本性就是藉由這些美好品質來獲取屬於自己的東西的。

請記住：要在每一次遭遇煩惱的時候都運用這條原則，那就是，這煩惱並不是什麼不幸，而高貴地承受這煩惱就是一大幸事。

想一想那些堅定地守護生命的人，就會知道蔑視死亡對於消除對死亡的恐懼是一個通俗卻很有用的方法。他們得到的是不是比那些早早死去的人要多呢？

當然，他們最後都躺在他們的墳墓裡了，卡迪賢努

斯（Cadicianus），法比爾斯（Fabius），朱利安努斯（Julianus），萊皮杜斯（Lepidus），或者像他們一樣的人們，他們都曾埋葬了許多人，但後來自己又被人埋葬了。

總之，生與死之間的距離是如此短暫，想想生命中裹挾著多少煩惱，與什麼樣的人做伴，肉體又是多麼脆弱，多麼艱難地走過人生旅程，那就不要把生命看得太重。

因為看看你生後的無限的時間，再看看你出生之前的無限的時間，你看，無論是你死後還是出生以前的時間都是如此漫長的，那麼活三天和活到孫輩都出生的年紀又有什麼區別呢？

路總是短暫的；短暫的道路都是極其自然的；根據健全的理性說話和做事。

因為這樣的言行使人擺脫煩惱、戰亂、詭計以及誇耀。

像馬奔騰、狗追尋獵物、蜜蜂釀蜜一樣，一個人做了一件好事之後，不需要呼喊著叫他們來觀看，而是繼續去做另一件好事，就像葡萄藤在下一個季節繼續結出果實一樣。

卷五
用思想滋養你的心靈
做本性要求的事

卷　五

❖ 用思想滋養你的心靈

1 在早晨，當你不情願地起床時，請這樣想：我起來是去做一個人的工作。

我們因為這些工作而存在，我們因為這些工作而來到這個世界，那麼我們去做這些工作為什麼會不樂意呢？

難道我是為了躲在溫暖的被子裡睡覺而生的嗎？

這的確更愉快，但你存在就只是為了獲取快樂，你存在的意義完全與行動和努力無關嗎？你沒有看到小小的植物、小鳥、螞蟻、蜘蛛、蜜蜂都在一起工作、履行著自己在宇宙中的職責嗎？

難道你不願意去做一個人的工作，不感到急切去做那與本性一致的事嗎？

但休息也是必要的，但自然也為這劃定了界限，她為吃喝規定了界限，但你還是超出了這些限制，超出了足夠的範圍。

而在行動上，你卻恰恰相反，還沒做夠你就停止了，所以你不愛自己。若你愛自己的話，你就會愛你的本性及其意志。

那些熱愛自己技能的人都因工作而精疲力竭，來不及洗澡，也忘記了饑餓雜耍藝人會尊重他的雜耍技藝，舞蹈家尊重自己的舞蹈技藝，守財奴尊重他的金錢，哪怕是自負者也會尊重他小小的榮譽，而你對自己本性的尊重卻還

不如他們。

這些人，當他們對一件事有著強烈的喜愛時，廢寢忘食也要在這件他們所在乎的事情上精益求精。而在你眼裡，難道有益於社會的行為是邪惡的，是不值得你去為之努力的嗎？

2 清除一切令人苦惱或不適的想法，迅速地進入徹底的寧靜之中，這是多麼容易啊。

3 根據本性來判斷自己的一言一行是否合適，不要受到他人的譴責或言語的影響，但是如果你能做的某件事或說的某句話對他人有益，不要覺得它對你沒有價值。

因為別人有自己獨特的指導原則，他們遵循著這些原則一步步地行動。

你無需理會那些事情，只管邁步向前，遵從你自己的本性和事物共同的本性；你自己的本性和事物共同的本性的道路其實是同一條。

4 根據本性，我經歷該發生的事情，直到我倒下安息，我呼出的氣息轉化為我每日吸入的元素，直到我倒在這塊土地上。

在這片土地上，我的父親收集種子，我的母親得到血液，我的乳母獲取奶汁，許多年來，這片土地給了我食物與水；當我踐踏它時，當我因很多目的濫用它時，它依舊

承擔著我的重量、支撐著我。

5 你說，人們欣賞不了你的智慧，暫且認為你是對的吧。

但是，有許多別的事情，你不能說這些事你先天就不適合。

展示那些完全在你力量範圍內的品質吧：真誠，嚴肅，吃苦耐勞，不貪圖享樂，滿足於自己應得的份額，知足常樂，樂善好施，坦白，不貪婪，適時適度的慷慨。

你難道沒有看到你身上能立即展示出來的那麼多品質嗎？

你沒有藉口說你天生無能不具備這些品質，你甘願使自己停留在標準之下嗎？

還是你先天就不健全以至於無法自控，必須要抱怨、吝嗇、諂媚、對自己的健康不滿、逢迎他人、譁眾取寵和內心焦慮不安嗎？

不，絕對不是，你原本可以很早就從這些事情中解脫出來，除非你的理解力的確天生就相當遲鈍，但即便如此，你也必須在這方面訓練自己，不忽視你的遲鈍也不能以遲鈍為樂。

6 有一個人，當他為別人做了一件好事時，他就準備把這件好事當作恩惠記到自己賬上。

還有一個人他不會這樣做，但他還是會認為這個人欠

了他什麼，而且他記著自己曾給予的恩惠。

第三個人甚至不知道他自己做了什麼，他就像一株結出葡萄的葡萄藤一樣，在結出了應有的果實之後就別無所求了。

就像馬奔騰、狗追尋獵物、蜜蜂釀蜜一樣，一個人做了一件好事之後，不需要呼喊著叫他們來觀看，而是繼續去做另一件好事，就像葡萄藤在下一個季節繼續結出果實一樣。

只去行動，卻不會刻意留心自己的行動，人是否也要成為這樣一類人呢？是的，但留心自己的行動也是必要的，也就是觀察一個人正在做的事情。

因為可以說，感知到自己正以社會一份子的方式在工作，同時確實希望他的社會同伴也感知到了他的舉動，這是社會動物的一個特徵。

你說的沒錯，但是你卻沒有正確地理解現在我在說的事情。

因此，你就成了我以前說到過的那類人，他們被理性的表象所誤導。但是如果你願意理解我現在說的話，你不用害怕你會遺漏任何的社會行動。

7 雅典人有一個祈禱是：降雨吧，降雨吧，親愛的宙斯，請降雨在雅典人耕種的土地上，請降雨在平原上。我們其實不應當祈禱，但是如若要祈禱的話，我們應以這種簡單和高貴的方式來祈禱。

8 愛斯庫拉皮厄斯（注：愛斯庫拉皮厄斯，羅馬神話裡的醫神，專司醫療及醫藥）給人開藥方，讓人們練習騎馬、洗冷水浴或赤足行走，我們理解了愛斯庫拉皮厄斯的話。

同樣地，我們也一定要理解這樣的話：宇宙的本質是給人開藥方，讓他經歷生病、殘疾、損失或之類的事情。

因為在第一種情況裡，開藥方的意思是這樣的：他為這個人開藥方以使他獲得健康；

但在第二種情況裡，它的意思則是：根據命運，每個人經歷那些注定要發生（或適合於他）的事情。

因為，這就是我們說「某些事情對我們合適」時所表達的涵義，正如工匠們將方形石頭一塊塊地連接起來時，說這些方形石頭在牆壁或金字塔上合適一樣。

因為這個整體是那麼適合、那麼和諧。所有的成分將宇宙組成了一個整體，就是宇宙現在的樣子，在所有存在的原因之中，必然性（命運）就成為了這樣一個原因。

即使那些完全無知的人也明白我的意思，因為他們說：是它（必然性、命運）使這樣一個人明白了這件事情。

於是，這些話被帶到了他的生命中，成為了他的一劑藥方。

那麼，讓我們如同接受愛斯庫拉皮厄斯的藥方一般接受這些事情吧！在他的開方中，當然也有許多令人不悅的地方，但由於渴望健康，我們都接受了。

各樣事情的完滿與完成，共同的本性斷定它是有益

的，將它視為與你的健康同類的事情吧！接受發生的每一件事，即使它看來令人不悅，因為是這些事促成了宇宙的健全與宙斯（宇宙）的成功和幸福。

因為宙斯帶給任何人的任何事情，都是對整體有用的，否則當初他就不會那樣做了。不論是任何事物的本性，都不可能引起任何與它所支配的事物不相宜的事情。

有兩個理由，你應當對發生在你身上的事情感到滿意：

第一：它是為你而發生的，是給你開的藥方，並且在某種程度上它與你有關聯，是源於那些與你的命運相關的最古老的原因；

第二：第二個原因是，即使那些單獨地發生於每個人身上的事情，對於支配宇宙的力量來說也是幸福和圓滿的一個誘因，更不用說是繼續存在的原因了。

如果你拿走一些事物從而將部分或原因的連貫性打斷，整體的完整性就被破壞了。

而當你感到不滿，你試圖將你控制力內的某件事情破壞時，其實你的確破壞了整體的連貫性。

9 如果你根據正確的原則去做事，卻沒有成功，請不要憤怒，不要沮喪，不要不滿；但是在你失敗的時候，請重頭再來，只要你所做的大部分事情都與人的本性一致，你就應當覺得滿足、熱愛你所回歸的事物。

回歸哲學時，請不要將她視為主人，你對哲學的態度應當如那些眼睛疼的人，一些人用一點海綿和蛋清來敷，一些人用一塊膏藥來敷，而另一些人用水來洗。

因為這樣做，你在遵守理性方面就不會失敗，你將在那裡得到安寧。

記住，哲學對你的要求不過是本性對你的要求。而你卻有不符合本性的品質。

可能會有人反對，說為什麼我正在做的事就沒有那些令人愉悅的事情呢？但這不正是我們被享樂蒙蔽了雙眼的原因嗎？

你思考一下，寬宏大量、自由、樸素、鎮靜、虔誠這些品質是否更加令人愉悅？

你想想那依賴於領悟力和知識的萬物在安全和幸福的道路上發展的過程，還有什麼能比智慧本身更令人愉悅的呢？

事物處在如此一種包圍之中，以至於在哲學家們眼中，它們是完全難以理解的，這並不是指僅僅幾個哲學家或是那些平庸的哲學家，這個問題甚至對斯多葛派哲學家本身。

（註：斯多葛派是賽普勒斯島人芝諾於西元前三百年左右在雅典創立的學派。斯多葛派認為理性決定事物的發展與變化。

在社會生活中斯多葛派強調順從天命，要安於自己在社會中所處的地位，只有清心寡欲才能得到幸福。其代表人物有：巴內斯、塞內卡、埃比克泰德和本書作者。）來說也是很難理解的。

我們所同意的內容都處在不斷的變化之中；哪有完全

不改變的人呢？再想想物品本身，想想它們的存在是多麼短暫，多麼沒有價值，它們可能被一個無恥之徒佔有，或被娼妓佔有，或被強盜佔有。

再想想你身邊那些人的道德水準，即使他們當中性格好的也幾乎讓人難以忍受，更不用提連自己都受不了的那類人了。

那麼在如此的黑暗和骯髒之中，在物質與時間的不斷流動之中，在物體的運動之中，有什麼東西是值得我們褒揚或者哪怕是值得我們認真追求的呢？

我想不出。但是事情也有另外一面。一個人有責任自我安慰，耐心等待事物的自然瓦解，不能因為延緩而煩惱，你應該只相信下面的原則並在其中得到安寧：

第一：沒有任何不符合宇宙本性的事情會發生在我身上；

第二：我的行為絕不違逆神的旨意，這是在我力量範圍之內我一定能做到的事，因為沒人能迫使我違反神。

那麼現在我要把我自己的靈魂用於什麼事情上呢？在任何場合我都必須問自己這個問題，我在探尋，我的一部分人們稱之為「支配原則」

（此處支配原則指靈魂，譯者註）

而我在這部分自己中擁有什麼呢？我現在擁有誰的靈魂呢？

是一個孩子的靈魂嗎；

還是一個年輕人；

一個羸弱的婦人；

一個暴君；

　　一頭家畜；

　　抑或是一頭野獸的靈魂？

　　那些許多人公認為好的事物究竟是一種什麼樣的事物呢？我們甚至可以從這個問題上學到些什麼。

　　因為，如果有人把諸如謹慎、克己、正義、堅毅這些品質視做真正好的東西，他在產生了這種認識之後就不會再願意聽任何與真正好的東西相牴觸的事情。

　　但是如果一個人首先把多數人認為好的東西理解為好的，那麼他就可能把喜劇作家所說的東西視為十分適合的東西來傾聽並欣然接受。

　　那麼，連芸芸眾生也能看出這裡的差別了。因為如果不是這樣，當有人提到有關財富或有人提及謀取更多的奢侈品與名聲的巧妙機智的手段時，我們一開始就不會覺得不舒服並排斥了。

　　接著問問我們自己，我們是否重視這些事物，是否認為它們是好的，當我們在心裡對它們形成了看法之後，那些喜劇作家的話還是不是那樣有理，那些擁有它們的人，物質上雖然富足，心靈上卻無法獲得寧靜。

　　我由形式和質料組成，二者都不會幻滅成為虛無，正像它們都不可能由虛無演化為存在一樣。我的每一部分就都將變換為宇宙的某一部分，繼而再轉變為宇宙的另一部分，變化永不停歇。

　　我的存在也是這一變化的結果，我的祖先也是如此，

我的子孫也會是如此。盡管宇宙的掌管是由無數變革的時期來實現的，但也沒有什麼能夠阻止我們說出這一真理。

理智和推理藝術（哲學）作為一種力量，對於他們的工作以及它們本身是足夠的。

它們將自己的原則作為第一原則並從此原則出發開闢道路，一直到那設定好的終點；這就是這種活動被稱為「catorthoseis」或「正確活動」的原因，而「catorthoseis」一詞的意思是沿著正確的道路前進。

這些事物不應當被稱為是人的東西，它們不屬於人，不屬於一個真正的人。

它們不是人必需的，人的本性也不曾預示它們的產生，它們也不是人的本性達到其目的的手段。

於是，人的目的並不依賴於這些事物，他們對實現目的也沒有幫助，真正的好的事物才有助於這一目的的實現。

此外，如果這些事情中有什麼確屬於人的話，鄙視它們、反對它們是不對的，一個人如若表現他不想要這些事情，他也不值得讚揚，如果這些事物的確是好的，那麼不接觸它們的人也就不是好的。

但是，如果一個人能夠使自己擺脫這些事物或類似的東西，他擺脫的越多，能夠承受的損失的限度就越大，他也相應地成為了一個更好的人，哪怕他只是擺脫其中的任何一個，也是有益的。

這就是你習慣性的思考，這也將成為你思維的特徵，

因為心靈的顏色已被思想所染。

用下面這一系列思想來染出你的心靈的色彩吧：

比如說，凡是人能活下去的地方，他就一定能活得很好，如果人非要住在宮殿裡，

誠然，住在宮廷裡也能活得很好，但這不是必需的。

再比如，仔細想一想每一事物究竟是為何目的而生？它們為此目的而產生，也冥冥中朝著這一目的而去，其目的之所在處，它的優點與益處也會在那兒顯現。

對理性生物有益的是社會，我們是為社會而生，這一點上面已經解釋過。

卑賤者為高尚者的益處而存在，這不是顯而易見的嗎？有生命的比無生命的高等，而有生命的當中，擁有理性的則更為高貴。

❀ 做本性要求的事

追求不可能的事物即為瘋狂，惡人不做惡就是件不可能的事。

一個人生來不必承擔的事，自然不會降臨到他頭上。如果這件事發生在其他人身上，那麼或者是因為他沒有感到這件事情對他的影響，或者是他將藉由這件事情表現出自己堅忍不拔的精神，他會經過劫難卻毫髮無傷。

讓無知狂妄勝過智慧是一種恥辱。

事物本身不會觸動靈魂，絕對不會；它們沒有進入靈

魂的能力，它們也不能讓靈魂轉向或移動，只有靈魂自己能讓自己轉行移動。

它做出它認為適合的一切判斷，它為自己做出的這些判斷是基於呈現在它眼前的事物的。

我必須對他人行善並善於忍耐，在這方面人和我最為接近。

但當一些人對我恰當的行為構成障礙時，人對我而言就顯得沒什麼特別之處了，他們就和太陽、風或一頭獸無異。

誠然，這些人可能會阻礙我的行動，但他們卻不能對我的影響力和意願構成阻礙，而這些意願和影響力則具有根據條件不斷改變的力量。

由於頭腦將每一障礙都轉化為援助的行動，於是每一個障礙都轉變成了對行為的一種促進，道路上的障礙自然地就變成了我們前進中的幫手。

尊重宇宙中的最好的部分，那是利用和指引萬物的東西。

同樣，也要尊重你自身中最好的部分，它和上面提到的宇宙精華是一樣的。因為，你內心也有那麼一種東西，它可以利用萬物，它可以指引你的人生。

不損害國家的事情，也不會損害公民。對所有看來有害的現象，都用這一原則來審視：如果國家沒有受到損害，那我也沒有受到損害。

但是如果國家利益被損害了，你不要對那個人憤怒，

你要讓他明白他的錯誤所在。

經常想想事物的存在是多麼短暫，消逝是多麼迅速。不論是本源的事物，還是派生出來的事物，都是如此。

因為物質就像一條奔騰的河流，萬物的活動都處於不斷的變化之中，事物的誘因也有千種百種。

幾乎沒有事物是靜止不動的。想想那些與你近在咫尺的東西，它們都將消逝在過去和未來的無盡深淵之中。

那麼，因為這些東西自我膨脹或飽受煎熬的人將自己陷入無限的悲慘之中，他們不是很傻嗎？

這些事物僅僅能夠擾他一段時間，而且是轉瞬即逝的一段時間，既然如此，怎能說他不是傻瓜呢？

想想宇宙的物質，你只佔有它非常少的一部分；再想想宇宙的時間，你分到的只是它一個十分短暫並不可分割的一個時間段；想想命運冥冥中的安排，你是多麼的渺小。

又有人對我不公嗎？讓他注意去改進吧。他有他自己的意願，自己的活動。我現在擁有宇宙本質要我擁有的東西，我做我的本性現在要我做的事。

讓你靈魂中指導並掌控你的那部分不要受到肉體活動的擾亂，不論那是肉體上的享樂或是痛苦；不要讓肉體與靈魂統一起來，而是讓肉體限定自己，將其影響力局限在肉體自身而不波及到靈魂。

但是，如果是出於那自然地存在於你體內並與你身體完全統一的同情心，這些影響就會自然而然地出現在你的心靈之中，那麼你就不要竭力克制這種感覺，因為它是自

然的，但是也不要讓其支配的部分妄下評論，不要輕率地認定這種感覺是好或不好。

與神靈同在。那些與神靈同在的人會不斷地向神靈表明他的靈魂滿足於他所得到的份額，那是宙斯給每個人應有的份額，以指引他、守護他，與神靈同在的人會不斷向神靈表明這一份額已經完成了神靈所期待的職責。

這就是每個人擁有的領悟力與理性。

你對有狐臭的人感到生氣嗎？你對有口臭的人感到生氣嗎？這些危害於你有什麼益處呢？他就是有這樣一張嘴，他就是有這樣的腋窩，這種地方必然會產生這些氣味。

但是他是有理性的，這一點我們一會兒會再提，如果他努力思考的話，他能夠發現冒犯他人之處。

我希望你對自己的發現滿意，其實，你也有理性，用你的理性來刺激他的理性，向他指明他的錯誤，告誡他。

因為如果他肯聽，你將醫治好他的缺點，但是你沒有必要生氣。即使你面對的是悲劇演員或是妓女，也不要感到生氣。

正如，你生命耗盡時你依舊想要生存一樣……所以，生活在此是你的一種力量。但是如果人們與你不容，那麼就遠離這種生活吧，並表現得彷彿沒有受到傷害一樣。

屋子裡充滿了煙霧，那我就離開它。你為什麼認為這是苦惱呢？

但是如果還沒有什麼類似的東西能夠迫使我出去，我

就留下，並且會自由自在地生活，沒有人能夠阻止我選擇我要做的事情，而我是根據理性的、合乎社會規範的本性去選擇要做的事情的。

宇宙的智慧在於其社會性。根據這一原則，它創造出低等的事物以便更好地滿足高等的事物的需求，並使高等的事物個體之間能夠相互適應。

你看看，它主從有序，相互合作，每一事物都被分配適當的份額，並將最好的事物組合成了一個和諧的整體。

迄今為止，你在神靈、父母、兄弟、孩子、老師、嬰兒時期的照看者、朋友、親屬以及你的奴隸面前是如何表現的呢？

考慮一下，你在以上所有人面前的表現，是否能讓別人這樣評價你：

從未在行動或言語上對他人不公。

你回憶一下你經歷過多少事情，回憶一下你經受了多少痛苦，你的一生已經完整，你在世上的責任已經完成。

想想你見過多少美麗的事物，想想你藐視過多少享樂與苦楚，你拒絕了多少所謂的榮譽，你又對多少心地不好之人表達了善意。

為什麼無能無知的靈魂會打擾到有技能有知識的人上來呢？而什麼樣的靈魂是有技能有知識的呢？

是那些掌管宇宙的靈魂，他們知曉開端和結尾，明白那處於萬物之中、以時間段（變革）這一形式貫穿於永恆之中的理性的涵義。

很快，你就將化為灰塵，或者一具白骨，只留下一個名字，甚至連名字都沒有留下，而名字也僅僅是聲音和它的迴響而已。

生活中被重視的東西是空洞的、腐朽的、瑣碎的，人們像狗一樣互相撕咬，像小孩子們一樣爭吵、大笑，接著又哭泣。但忠誠、謙遜、正義和真理卻被人遺忘。

從廣闊的大地一直到奧林帕斯山

（注：奧林帕斯山坐落在希臘北部，被古希臘人尊奉為「神山」，古希臘人認為統治世界、主宰人類的諸神居住在這座山上。）

究竟是什麼使你停留在此呢？如果感知的物件變化無常，從不靜止，那麼感覺器官就很遲鈍，很容易得到錯誤的印象。

那麼，靈魂本身就淪為了血液呼出的一團氣。

那麼，在這樣一個世界裡汲汲於盛名，不過是虛無。那麼，不論你的結局是徹底的消逝，遷徙至另一境界，或是其他什麼狀態，你為什麼不能寧靜地等待自己的結局呢？

在那一刻來臨之前，什麼才是足夠的呢？

敬仰並感激神靈，對他人行善，練習忍耐與自我克制，還有什麼事能比這些更重要呢？

至於你血肉之軀以外的事物，要記住：它們既不屬於你，也不在你的控制能力之內。

如果你走在正確的道路上，以正確的方式思考與行

動，你就能平靜地度過幸福的一生。

這兩點對於神的靈魂、人的靈魂，以及每一個充滿理性的靈魂都是共通的，不會受到其他事情的阻撓。

堅持正義的品格並以正義的方式來行動，這樣你的欲望就會消失。

如果這既不是我自己的惡，也不是我的惡所造成的後果，而且公共利益也沒有受到損害，那麼我為什麼要苦惱呢？這對公共利益能有什麼損害呢？

不要為事物的表象所矇騙，而是根據自己的能力和他人的需求給予所有人援助。

如果他們蒙受了無關緊要的損失，那就不要將其視為一種損害。

因為這是一種壞習慣。

當一個老人即將去世時，回顧他年輕的時期，記得那確實是他人生的巔峰。

在這裡，你也要這樣做。

當你在講壇上大聲呼喚時，人啊，你是否忘記這些事物的本質？

是的，它們是人們極度關心的對象

但是你是否也會被這些事物所愚弄呢？

我曾經是一個幸運的人，但我失去了我的運氣，卻不知是如何失去的。

但是，幸運其實指的是一個人自己為自己帶來好運，而好運是促進靈魂、善意的情感、善意的舉動的一個好方

法。

這就像一個人愛上了那飛過的麻雀，但是麻雀卻立馬沒有了蹤影。每個人的生命差不多都是這樣，就像血液蒸發和呼吸空氣一樣。

卷六
履行你自己的職責
塵世的生命只有一個果實
沒有人能阻止你按本性生活

卷 六

❀ 履行你自己的職責

1 宇宙的實質是順從與服從，掌控它的理性本身沒有任何行惡的理由，因為它不邪惡，它不會對任何事物行惡，也不會有任何事物因它而受到傷害。

而萬物都是由這個理性產生並由它來完善的。

2 不論你是寒冷還是溫暖，困倦或是精神，遭人指責或是被人讚揚，在死亡的邊緣或是做其他什麼，只要你是在履行自己的職責，就不要讓這些事對你造成影響。

因為這就是生活的一個過程，我們死之前要經歷這一過程，在這一過程中我們做好自己手頭的工作就足夠了。

3 看看自己的內心，不要讓任何獨特的品質及其價值離開你。

4 所有存在的事物改變得很快，如果萬物是一個整體的話，它們或者幻化為蒸汽，向四周擴散開去。

5 那支配一切的理性知道它自己的意願、行動和行動的原材料。

6 你報復他人的最好方式就是不要變得和他們一樣。

7 從一個社會活動到另一個社會活動的過渡過程中，你能在一件事情上找到快樂與安寧，那就是想著神。

8 支配的原則是產生和轉變自身的原則，它將自己塑造成它現在的樣子以及它想要成為的樣子，它使發生的一切也看起來如它所願。

9 每個單獨事物都是遵循宇宙的本質來完成的，因為，它一定不是遵循萬物完成的其他本性，不是從外部領悟的本性，不是在這個本性內部被解讀的一個本性，也不是一個外部的獨立的本性。

宇宙是一團混沌，或者說一個錯綜複雜的整體，是物質的擴散；又或者，它是統一、秩序和神的意志。

如果宇宙是前者，那麼我為什麼願意滯留在一個事物偶然結合在一起的無秩序中呢？除了最終我將如何化為泥土之外，為什麼我還要在意別的事情呢？不論我做什麼，我的元素最終都要分解擴散，那麼我為什麼還要感到煩惱呢？

但是如果宇宙是後者，我便堅定地崇拜與信任那宇宙的掌管者。

當你在某種程度上為環境所迫而感到煩惱時，快速地回歸自己吧，衝動消失之後不再迷失自己，因為藉由不斷地練習，你對和諧的掌握就能達到更高的境界。

如果你同時擁有後母和親母，你應當孝敬後母，但是

你還是會不斷地回歸自己的親母。

現在就將宮廷和哲學當作你的後母和親母，回歸哲學吧，在它那裡得到安寧，藉由哲學，你在宮廷中遇到的事情就變得可以容忍了，你在宮廷上也會表現得隱忍。

當我們面前擺放著肉類食物的時候，我們得到這樣一個印象，那就是：這是一條魚的屍體，這是一隻鳥或者一頭豬的屍體。

同樣地，弗樂納斯酒不過是一點葡萄汁，這件紫袍是用有殼水生生物的血液染紅的羊毛，這就是我們得到的印象，它們到達了事物本身，穿透了其本質，於是我們就看清了它們的本質。

我們生活中的行動也應以同樣的方式進行，那些看起來最值得我們讚許的事物，我們應當看透它們的本質，看到它們毫無價值，從而剝去讚美它們的語言的華麗衣裳。

因為表象對理智具有很強的扭曲作用，當你最確信你是在做值得你努力的事情時，這就是它最能欺騙你的時刻。

可以再考慮一下克拉圖斯對齊諾克拉圖斯的評論。

大眾欣賞的大部分事物都是最普通的物品，是一些靠內聚力或自然組織結為一體的東西，比方說石頭、木頭、無花果樹、樹藤和橄欖樹。

比上面理性一點的人欣賞的事物則是某個生命原則結合為一體的東西，例如禽群、獸群。

那些更受理智支配的人欣賞的則是靠理性的靈魂結合

為一體的事物，這並不是指宇宙的靈魂，而只是在某方面擁有技能的理智靈魂，或者那些熟知別的領域的靈魂，又或者僅僅是一個擁有一些堅定追隨者的理性靈魂。

一個尊重理性的靈魂，是普遍存在的並適合於政治生活的，它除了以下事物外，不會再在乎任何事情：

首要的是，他的靈魂的狀態與活動始終與理性和社會生活相一致；

其次，他和他的同類人為了達到這一目的而合作。

有一些事物迅速地到來，另外一些則迅速地消逝，而即將到來的事物的一些部分也已經不復存在。

運動和變化不斷地更新世界，正如不間斷的時間一直在更新著無數個時代。

在這流淌的河流中，沒有什麼是永恆的，那些轉瞬即逝的事物，究竟有什麼是值得人們重視的呢？

這就像一個人愛上了那飛過的麻雀，但是麻雀卻立馬沒有了蹤影。

每個人的生命差不多都是這樣，就像血液蒸發和呼吸空氣一樣。

因為事情就是如此，我們每時每刻都從空氣中吸進氣體，然後又吐了出來，整個呼吸過程莫不如此。

你在出生時獲得的東西，最終都要變回原來的元素中去。

植物的蒸騰作用不值得我們在乎，家畜和野獸的呼吸也不值得，藉由表象獲取對事物的印象，像提線木偶一般

被欲望之繩擺布，成群結隊而行，從食物中獲取營養，這些都不是值得我們重視的事，這就好比我們要將食物中無用的部分去除一樣。

那麼什麼才是值得我們重視的呢？是得到他人的讚許嗎？不，我們不應在乎那言語上的諂媚，而來自大眾的讚揚就是一種言語上的諂媚。

假設你放棄了這沒有價值的所謂名聲，那麼你究竟應當重視什麼呢？

我的觀點是，按照恰當的方式推動自己，並將自己在乎的目標集中在你的職業與技藝都指向的地方。

因為每一門技藝的目的都在於此，被創造的事情應當適應它被造時所設定的工作；不論是照看葡萄藤的種植者、馴馬師抑或是訓犬者，都應以此為目標。

對年輕人的教育教導也應當有目標，而上面的內容就是教育教導的價值所在。

如果這一點做的好，你將不再追求任何其他東西。

你還要重視許多其他的東西嗎？那麼你既不會自由，對自己的幸福也不會感到滿足，也無法克制自己的激情。

因為如若這樣，你必然會感到嫉妒，懷疑他人會將你在乎的那些東西拿走，暗算那些擁有你所在乎的東西的人。渴求這些東西的人必然會完全處於一種憂愁煩惱的狀態中。

此外，他一定會常常指責神靈。而尊重自己的心靈並引以為榮，則會使你對自己感到滿意，與社會和諧，與

神靈和諧，與神靈和諧指的就是讚頌神靈給予與指示的一切。

你的上下左右都有元素在運動。但美德的運動卻不在此，它是一種更神聖的東西，它的前進幾乎是我們觀察不到的，它在自己的道路上快樂地行進。

人們的行為是多麼奇怪啊！他們不會讚賞與自己同時代的人，也不會讚賞生活在自己身邊的人，卻想讓自己被後代稱頌，而那是一些他們從未見過或者永遠不會見到的人，這些人的讚賞竟被看得很重。

你的先輩們也沒有讚揚過你，你便因此感到難過，上面的舉動和這個行為幾乎同樣令人費解。

如果有一件事你自己完成很困難，請不要認為它是人力完成不了的，但是如果完成一件事對人來說是可能的，而且這件事符合他的本性，那麼想一想，其實你也能做到這件事。

假設有人在體育訓練中用指甲傷了你的皮膚，或者在他衝向你的頭部時使你受了傷。

我們不要表現出憤怒，也不要覺得受到了冒犯，在以後的日子也不要懷疑他是一個危險份子。

但是，我們會對他有所警惕，只不過不是將他作為敵人，也不是充滿猜疑，我們只是安靜地躲開他。

在生活的所有其他方面你也這樣做吧，我們不要在意在體育館裡那些看似敵人的行為。

因為，正如我所說的，不帶有任何猜疑或仇恨地躲避

開，是我們力所能及的事。

如果有人能夠向我展示我思想或行動上錯的地方，並使我信服，我將愉快地改正；因為我尋求真理，讓任何人都不會受到傷害的真理。

然而，放縱自己的錯誤與無知的人是會受到傷害的。

我履行我的職責，不會為其他的事物所困擾，因為它們或者是沒有生命的事物，或者是沒有理性的事物，或者是迷失方向不知道自己道路的事物。

對於那沒有理性的動物和普通的一切的事物，你擁有理性而它們沒有，你要以一種慷慨大方的精神來使用它們。

但是對於人類，由於他們擁有理性，你要以一種社會的精神來對待他們。

在任何情況下都要向神靈禱告，不要為你花多少時間做這事感到困惑，因為即使只花三個小時做這件事也是足夠的。

馬其頓偉大的國王亞歷山大和他的馬夫死後被帶到了相同的地方，因為，他們或者被宇宙的同一個重要原則所處理，或者它們同樣地被分解為原子。

想一想在一段不可分割的時間段裡，有多少影響身體及靈魂的事情在我們身上發生，這樣你再想想有更多事物甚至是所有事物都在那既是一體的、我們稱之為宇宙的東西中產生和存在，你就不會感到那麼驚奇了。

如果有人向你提出這個一個問題：「Antoninus」這個

名字怎樣寫呢？你說出每一字母時是否感到疲憊厭倦？

如果他們生氣了，你是否也會變得憤怒？你是否還會鎮定地繼續說出每一個字母？

在生活中你也應該記住，每一個責任都是由若干部分組成的。

你的義務是遵循原則，並且不要被對你生氣的人打擾，也不要向他們表露出你的憤怒，你應當繼續走你的路，完成你前面的工作。

不允許人們努力追求他們眼中適合他們本性並有利於他們的事物，那是多麼殘忍啊！

當你因為人們犯錯誤而感到惱火時，你就會禁止他們做這些事。

但是，他們追求這些事物是因為他們以為這些事物是適合於他們本性並對他們有利的，然而事實並非如此。

那麼教導他們吧，向他們展示他們的錯誤所在，不要惱怒。

死亡是感官印象的停止、是欲望的終結，是漫無邊際的思想的運動的停歇，是對軀體服務的終止。

在生活中，當你的身體還沒有屈服的時候，你的靈魂就屈服了，這是個恥辱。

❀ 塵世的生命只有一個果實

你要明白你生下來並不是為了要成為凱撒，你的色彩

並不是那種染料染出來，所以你並不會成為凱撒。

那麼，你要讓自己樸素、善良、純潔、嚴肅、不做作、有正義感、崇敬神靈、和善、友愛，盡全力去做所有該做的事情。

你要不斷努力，使自己成為哲學想將你塑造成的那種人。尊重神靈，幫助他人。

生命很短暫，塵世的生命只有一個果實，那就是虔誠的意志和社會行為。

你的一切行為都要像安東尼烏斯的信徒一樣。

總之，你要記住！

他的虔誠；

他表情的寧靜；

他的溫柔；

他對虛名的不屑；

他對理解事物所盡的努力；

他的每一行為都符合理性；

一貫如此，他在所有事情上表現出鎮定穩重，他對手頭的每一件事都要仔細地檢查，力求清楚地理解它們；

他包容那些不公正地責備他的人，卻不會責備他們；他辦事從不慌忙，他對誣衊誹謗充耳不聞；

他仔細審查自己的儀態和行為，不指責別人，不膽怯，不多疑，不詭辯；

在住宿、床、衣服、食物和僕人等方面，一點點東西就能令他滿足。

他勤勞而有耐心。

依靠簡簡單單一餐就能夠工作到晚上，除了通常的休息時間，他不會要求任何其他機會來放鬆自己，他對朋友感情堅定並且對他們一視同仁，對於反對自己意見的人給予極大的言論自由。

當有人向他展示更好的事情，他是那麼地快樂，他對宗教極其虔誠，卻完全不迷信。你要模仿他全部的品行，這樣你在你最後時刻來臨的時候，就會擁有和他一樣好的良知。

回歸清醒的感知，喚回自己吧；當你從睡夢中醒來，意識到剛剛苦惱你的只是一場夢而已。

現在，在你清醒的時刻，你看待這些（有關你的事）應該像你看待那些（夢）一樣。

我由一個小小的身體和一個靈魂構成。

對於這個小小的身體來說，所有的事物都沒有什麼區別，因為它感覺不到任何區別。

但對於領悟力來說，那些不是它自身活動產物的事物才是無關緊要的。

但只要是它自身活動的產物，這些產物就在它的控制力之內。

然而，在這些事物中又只有與現在相關的事情才與眾不同，因為，頭腦中將來和過去的活動都是無關緊要的，即使它們是為了現在，也依舊如此。

只要手做手的工作、腳做腳的工作，那麼這些工作就

都不違反本性。

所以一個人只要做的是人的工作，對於他來說，他的工作也不違反他的本性。而如果這工作不違反他的本性，它對他來說就絕非壞事。

強盜、弒父者與暴君，他們曾享受過快樂嗎？

有些工匠使自己在某種程度上適應於那些技藝不佳的工匠，同時他們又堅持著他們技藝的理性（原則），不能忍受放棄這門技藝，你難道沒有看到這些嗎？

如果建築師和醫生作為人對自己的理性（他和神靈共通的理性）的尊重程度都比不上他們對自己技藝的尊重程度，那不是很奇怪嗎？

亞洲、歐洲是宇宙的一角，所有的海洋只是宇宙的一滴水。

阿陀斯聖山（阿陀斯山位於希臘海岸的哈爾基季基省，雅典以北）是宇宙的一個土塊，現在的時間是永恆中的一個點。

萬物都是渺小的、變化的、會腐朽的。萬物都從那裡來，都是由宇宙的統治力量直接演變而成，或者由一系列相繼的變化產生。

所以，獅子張開的下顎，有毒的物質，所有有害的物質，比方說荊棘、淤泥等，都是壯觀美麗事物演化而來的。

不要認為它們是與你崇敬的事物不同，屬於另一個類別，你應當形成這樣一個公正的看法，那就是所有事物的本源都是同一的。

看見了現在事物的人就看見了全部，也看見了在永無止境的時間過去發生的一切和未來將要發生的一切，因為一切事物都屬於同一類別同一形式。

經常考慮一下宇宙中萬物的聯繫以及它們之間的相互關係。

因為萬物都以某種方式互相關聯，也因此萬物都能彼此和睦相處，按照次序，一事物在另一事物之後出現，而這是由主動運動、互相合作以及物質的統一性引起的。

對於命中注定的事物，要讓自己適應：那些你命中注定要生活在一起的人，你要愛他們，而且要真正地誠摯地愛他們。

每一個器具、工具、器皿，如果它做了它被製造時設定的工作，那它就是好的，但是它的製造者並不在它那裡。

在自然結合起來的物品裡面，停留著製作它們的力量，這個力量一直存在於物品內部。

那麼，應該更尊重這一力量，你應該想，如果你的生活和行動都以它的意志為依據，那麼你內部的一切也都會與智慧符合。

而宇宙中屬於它的那些事物也都與智慧符合。

如果你認為不在自己力量範圍內的事物對你有好壞之分，那結果必然是這樣：如果一件壞事發生在你身上或者你失去好的事物，那你會譴責神靈，也會怨恨那些造成你的不幸或損失的人們，或者怨恨那些你懷疑造成這些的人

們。

其實我們這樣做是不公正的，因為我們覺得這些事物有區別。

但是如果我們只將在自己力量範圍之內的事物判斷為好的或壞的，那麼你也就沒有理由指責神靈或是對他人抱有敵意了。

我們都是為了同一個目標在共同努力，有一些人擁有知識和計畫，但另一些卻不知道他們要做什麼，就像睡夢中的人一樣。

我想，他們就是海拉克利特斯（古希臘哲學家、愛菲斯派的創始人）所說的宇宙中發生的事情的勞動者與配合者。

但是人們合作的方式也不一樣：那些給予最充分合作的人們，他們也會對發生的不好的事情感到不滿，對試圖反對和進行阻撓的人感到不滿，而宇宙需要這些合作者與配合者。

明白自己屬於哪類的工作者，這件事要由你自己來解決，因為萬物的統治者必然會正確地用你。

在他眼裡，你既擁有合作者的一部分潛質，也擁有為目標出謀劃策者的一部分潛質。但你不要使自己成為克里西波斯所說的一個戲劇中刻薄荒唐的角色。

❀ 沒有人能阻止你按本性生活

太陽是否承擔了雨的工作，愛斯庫拉皮厄斯是否承擔了果樹（土地）的工作呢？

每一顆星星又是怎樣做的呢？它們是不同的，但是它們不也是為了共同的目的在一起努力嗎？

如果神靈對於我以及注定發生在我身上的事情，已經做出了決定，那麼他們的決定一定是合適的，因為很難想像沒有遠見卓識的神的存在。

至於說對我的傷害，他們為什麼會有這一目的呢？

這樣做對他們有什麼好處，對神靈保佑的特殊對象，整體會有什麼好處呢？但是即便他們對我沒有做出個別的決定，至少他們一定為整體做出了安排，在這個總的安排裡面依次發生的事情，我應當愉快地接受，並對它們感到滿足。

但如果他們任何事都沒有決定，相信這一點其實很邪惡，但是如果我們真的相信了這一點，我們就不會祭祀，不會向神靈祈禱或起誓，相信神靈就在眼前並且與我們同在時我們會做的事情。

現在全都不去做，但是如果神靈對於有關我們的事沒有做任何安排，我就能夠為自己做出決定，我就能夠探尋有用的事物。

那些與自己的構造與本性一致的事物，就是對每一個人有用的東西。

我的本性是理性的、社會性的，如果我是安東尼，那麼我的城市與國家就是羅馬；但是作為一個人來講，我的城市與國家就是這個世界。

那麼，對於這些城市有用的東西，對我來說也是有用的。

發生在每一個人身上的任何事情都是為了宇宙的利益：這應該就足夠了。

但是繼而你會把這視為一個普遍真理，如果你遵循這一點，那麼對任何一個人有益的東西也就對其他人有益了。

但是在這裡，「有益」這個詞表達的是通常所說的意義，它是一個中性詞，既非褒義，也非貶義。

正像在競技場和類似的地方上演的情況一樣，不斷觀看同一事物和相同場景使人厭倦，這一點應用在生活的全部也是一樣，因為所有在上與在下的事物都是相同的，它們有著相同的來源，那麼你打算看多久呢？

你持續思考會發現，所有種類的人、所有種類的追求和所有的國家都消亡了，而你的思想甚至可以追溯回菲力斯遜、菲伯斯、奧里更尼安。

現在把你的思想轉向其他類型的人，轉向我們那個地方，那裡有許多偉大的演說家；那裡有許多高貴的哲學家：海拉克利特斯、畢達哥拉斯和蘇格拉底；那裡有許多先代的英雄，以及其後追隨他們的將軍和暴君。

除此以外，那裡還有尤多克烏斯、希帕爾克斯、阿基

米德等擁有偉大天賦與傲人頭腦、熱愛工作、多才多藝並充滿自信的人，他們嘲弄那些看不透生命轉瞬即逝的人們，就像門尼帕斯和與他類似的人。

想想這些，再想想他們都早已化為灰塵。那麼這對他們有什麼損害呢，這對完全沒有留下名字的人們又有什麼損害呢？

在這裡只有一件事有很大價值，那就是在真實與正義中度過你的一生，甚至對說謊者和不公正的人也保持友愛和善的態度。

當你打算行樂時，想想那些生活在你身邊的人的美德，例如某人的勤奮，另一個人的謙遜，另一個人的寬容，以及其他人的好品質。

因為生活在我們身邊的人在道德中盡最大可能展現出很多美德，沒有什麼能比這更令人快樂了。

因此，我們必須將這些美德擺在面前。

你體重只有那些，不夠三百利特內，我猜想你不會因此感到不滿。

那麼，你只能活一些年數卻不能活更長時間，你也不要感到不滿，因為你應對分配給你的東西的數量感到滿足，所以對你生命的時間也感到滿足吧。

讓我們努力去說服他們（人們）。

但是當正義的原則指引我們反對他們的時候，我們就要違背他們的意志來行動。

如果有人強行擋住了你的道路，你要使自己保持滿足

和寧靜的狀態，同時你要利用這些障礙訓練出其他的能力，記住你的嘗試是有所保留的，你不要試圖去做不可能的事。那麼你究竟應該要什麼？這樣的努力應該是你想要的東西。

如果你應該履行的事情被完成了，你就達到了你的目的。

一個熱愛虛名的人會考慮讓他人的行動對自己有利，那熱愛享樂的人會考慮讓他人的行動對自己的感覺有利，但是有領悟力的人則會考慮讓自己的行為對自己有利。

對一件事不發表評論，使我們的靈魂不受到打擾，這是在我們能力範圍之內的，因為事物本身並沒有塑造我們想法的自然力量。

要習慣於做他人的聆聽者，盡可能地用說話者的方式思考。

那對蜂群不利的東西，對蜜蜂來說也不會是好的。

如果水手辱罵舵手或者病人辱罵醫生，他們還會聽進別人的意見嗎？這樣的話，舵手怎能保證船上人的安全，醫生又怎能保證他診視的病患者的健康呢？

有多少與和我一同來到世界的人已經離開了人世。

對於黃疸病人來說，蜂蜜是苦的；

對於狂犬病人來說，水是令人害怕的；

對於孩子來說，球是好玩的東西。

那麼我為什麼要生氣呢？錯誤的觀念都比不上黃疸病人體內的膽汁或狂犬病人體內的毒素有力量，你是否會這

樣想呢？

　　沒有任何人能夠阻止你按照自己本性的理智來生活，沒有任何與宇宙本性理智相違背的事會發生在你身上。

　　人們想要取悅的是哪一類人呢？是為了什麼目的，是藉由何種手段來取悅他們呢？

　　時間將迅速地掩埋一切事物，而它已經掩埋了多少事物啊！

對於交談中具體的某句話，你不會馬上就意識到對方說這句話的目的是什麼，而在下一輪的對話中你藉由仔細的觀察後才會明白其中的真意。

卷七
要自己挺起腰桿，不要被迫挺直身軀。
善待那些做錯事的人擁抱你自己的生
活吧。

Book Seven

卷 七

❀ 要自己挺起腰桿，不要被迫挺直身軀

1什麼是罪惡？其實，它常常發生在你的生活中。

無論你的身邊發生了什麼，你一定要銘記這一點。

無論你身在何處，你總是會發現同樣的事情，這些事遠古時期曾經發生過，中世紀曾經發生過，在我們如今的生活中仍然會發生，而在我們居住著的城市和屋簷下也正在發生著、曾經發生過。

這些事絕不是我們生活的這個時代才出現的：這一切都是為人們所熟知，但是無法長久存在的。

2我們怎麼能喪失自己的原則？除非我們與之一致的想法（或思想）也熄滅了。

但是，我們是有能力讓星星之火般的思想逐漸發展成「燎原」的態勢的。

無論是什麼事情，我都可以抱有我理應有的主張。

如果我能堅持自己的主張，那麼我還有什麼理由會焦慮不安呢？那些不屬於自己主張的觀點就與我毫無關係。

讓這句話表達出你的感情吧，你會比任何時候都更加昂首挺胸的。

而你同樣有能力找回你曾經擁有的幸福生活。再看一

看塵封已久的往事，就像你曾經那樣地看待它們，因為這樣你才會找回你失落的幸福。

3 舞臺上正在進行著無聊的表演，綿羊和獸類成群結對，有人玩著耍刀槍的把戲，有人扔了根骨頭給小狗們，還有人向魚塘裡投了點麵包屑，辛勤工作的螞蟻群搬運著糧食，受驚了的小老鼠們四處逃竄，小人物被韁繩拉扯著，諸如此類的無聊演出。

因此你的責任便是在這樣的無聊表演中表現出睿智的幽默而不是一種盛氣凌人的高傲。

無論如何都要記住一點，那就是每一個人的存在都是有價值的，就和他在從事的事業那樣有價值一樣。

4 在與人交談時，你一定要注意聆聽，一舉一動間你一定要仔細觀察對方在做些什麼。

對於交談中具體的某句話，你不會馬上就意識到對方說這句話的目的是什麼，而在下一輪的對話中你藉由仔細的觀察後才會明白其中的真意。

5 我的才幹是否能勝任這項工作呢？如果我有足夠的才幹，那麼我就能在工作中如魚得水了。

但是倘若我並不具備這樣豐富的才能，那我要麼就放棄這項工作，要麼推薦一位勝任的人選來完成這項工作，除非我有不應該這麼做的理由；或者我盡全力做好這項工

作，同時找個人幫忙，此人一方面要遵從我的辦事原則，一方面也要能做出此時此刻對彼此恰當而且有用的事情來。

不管是我獨自完成工作還是在別人的配合下完成，都應該遵從這一條唯一的標準，也就是要做對社會友善而且有用的事。

6有多少曾經聲名顯赫的人卻最終被人們遺忘了，又有多少為別人歌功頌德的人也已經與世長辭了。

7不要因為接受了別人的幫助而覺得羞恥，因為你總是要履行自己的職責，就好像士兵要執行攻打城池的任務一樣。

如果你的腿跛了，你就不能在戰場上單槍匹馬地與敵人戰鬥，那麼，要是有了別人的幫助，你是不是就可能重回戰場了呢？

8不要讓未來未知的事打攪你現在的生活，因為如果還沒到時間，你就不會遇到這些事。與此類似的，你也大可不必為了往事而心煩意亂。

9萬物之間是相互關聯的，而聯繫的紐帶是神聖不可侵犯的；幾乎沒有一個事物是不與其他事物相關聯而獨立存在的。

因為萬物之間是彼此協調的關係，他們聯合在一起，形成了宇宙（秩序）。

因為宇宙就是由萬物組成的，萬物共用著一位保佑著它們的神靈，一個要旨，一個法則，所有有智慧的動物共用著共通的理性和同樣的真理；如果所有擁有相同理性的同祖宗動物真都是根據理論進化的話。

一切物質很快就會消失在整體中，一切形式化的事物（有因果關係的一切）也會很快就回歸宇宙理性中，一切的記憶同樣會很快就被遺忘在歷史長河中。

對於理性動物而言，行動是根據天性還是根據理性是沒有差別的。

要麼你就自己挺起腰桿，要麼別人迫使你挺直身軀。

就像物體中的各個不同的成分是一個統一的整體，那些各自生存的理性動物也同樣是一個統一的整體，因為它們彼此合作。

而只要你經常對自己說「我是理性動物系統整體的一個組成部分」，你就更能認識到這一點。

但是如果（用字母 R）你說你並不是整體的一部分，那你就不會發自心底地熱愛整個人類；你還沒有從行善中獲得真正的快樂。

你仍然僅僅是將行善作為一種權宜的事來做，而沒有意識到積德行善其實也是為你自己。

讓物體掉落在你的身體可以感受到的部位上吧。

因為那些可以感受到的部位才會抱怨，如果它們願意的話。

但是除非我認為物體掉落在身上是件倒楣的事，否則我就不會覺得受傷。而我也要有能力讓自己不要覺得自己因為被掉落的物體砸中而受傷了。

無論別人做了或是說了些什麼，我還是要對他友善，就好像金子，或是綠寶石，或是紫袍，總是在說：無論別人做什麼還是說什麼，我總還是綠寶石，我要保持我的本色。

感官本身不會「庸人自擾」，我是說，不會嚇唬自己，也不會讓自己受到傷害。

但是如果別人可能嚇唬它或者讓它受傷，那就隨他去吧。因為感官本身不會讓自己遭受恐懼或是傷害。

讓身體的各個部位自己照顧自己，如果它可以的話，也就是不再遭遇傷痛，如果它遭受了，就讓它自己說出來。

不過靈魂本身就是遭遇恐懼、痛苦的主體，靈魂完全有能力形成遭遇傷害之後的看法，它本身本不會遭遇傷害，因為靈魂不會偏離認知的方向。

靈魂的主要原則是無欲無求，除非它自身有需求的願望；因此靈魂既是悠然自得的又是不受阻礙的，只要靈魂自己不使自己煩惱或者自己為自己設立阻礙。

幸福是一位慈祥的守護神，或者是一件好事。那你正在這兒忙些什麼呢？只是在憑空想像嗎？當你來找我時，

我以神的名義請求你離開吧，因為我不想讓你只是一味胡思亂想。

但是，你只是遵從古老的傳統來拜見我的。我不會生你的氣，只是要讓你離開。

有人害怕改變嗎？為什麼萬事都有變呢？到底什麼才是對於宇宙本質最合適的呢？柴火不發生一些變化，難道你還能洗澡嗎？

食物不發生一些變化，難道你能得到足夠的營養嗎？如果沒有變化，難道有其他什麼有用的事是可以完成的嗎？那麼你難道還不明白你也一樣需要一些改變，就好像宇宙萬物的本質一樣？

要瞭解宇宙萬物，就要將萬物聯繫在一起，和整體一起彼此協調地全面瞭解，這就好比要趟過湍急的河流，要運用身體的每一個部位，讓動作協調一樣。有多少克里西普（Chrysippus），有多少蘇格拉底，有多少艾皮科特圖斯（Epictetus），已經淹沒在歷史長河中？

你要參照他們中的每個人和每一個歷史事件做出同樣的思考。

只有一件事讓我感到困擾，那就是惟恐自己要做人類體質無法負擔的事，或半途中體力突然不能繼續支撐了，或是此時此刻無法再支撐我們完成工作了。

你就快要遺忘一切往事了，而往事也快要把你徹底遺忘了。

❀ 善待那些做錯事的人

人甚至愛那些做了錯事的人，這一點很奇怪。

可是當他們做錯事的時候，你首先想到的是他們是你的親人，他們做錯事是因為無知而且也並非故意，而且無論是你還是他們總是不久就要死去的。

因此你仍然愛他們；而最重要的是，這些做了錯事的人並沒有傷害到你，因為他並沒有傷害你的感情。

宇宙萬物外的宇宙本質，就如用來製作一匹駿馬的蠟一樣，當把這匹蠟質的駿馬融化掉，再製作成一棵樹，再融化掉製作出一個人的形狀來，然後再融化掉製作出其他形狀的物體來。

每一個製作出來的物體只能存在很短的一段時間。但是融化其中的每一個物體都不是什麼難事，就和當初製作出它時一樣的簡單。

一副怒氣的模樣總是顯得不那麼自然。要是你總是怒髮衝冠的樣子，你漂亮的臉蛋就不再光芒四射了，到最後你就會變得臉色枯黃，即使再沒有生氣。

試著從這個假設中得出這樣一個結論：總是怒氣的是不理智的行為。

因為如果連做錯事都不願意承認的話，那還有什麼理由想要永保青春、長命百歲呢？

統管著萬物的大自然很快就會改變你看到的萬物，從萬物的本體中創造出新的事物，然後不久這些新事物又要

被更新的事物取代了，這樣我們的世界才永遠是全新的。

倘若有人傷害了你，你馬上就會想他傷害你的本意究竟是好還是壞？因為當你明白了他的本意之後，你就會同情起他來，你就絕不會再有任何的困惑或是對他的行為感到憤怒了。

因為你自己明白或者你要是做了和他相同的事，本意一定是好的，或者你做了和他所做的相類似的事，你也絕不是心懷惡意的。

因此就原諒他吧，這是你應該做到的。但如果你並不認為這些事有好意還是惡意之分的話，你就更願意善待那些做了錯事的人了。

不要老是惦記著那些你無法得到的東西，多想一想你已經擁有的。

你要多想這些都是你自己千挑萬選出的東西，假設一下你要是還沒有擁有這些，你該會怎樣迫切地得到它們。

同時也要多想想，你要不是太喜歡這些東西，就不會把它們看得如此重要了，也不會在你還沒有得到它們的時候，那麼的焦慮不安了。

回歸本我。佔統治地位的理性原則總有它自身的本性，也就是滿足於自我，只要它是做了公正的判斷，這樣理性才能維持心靈的寧靜。

不要白日做夢了。不要再因為這白日夢為難自己了。

隨遇而安吧。你要很清楚地明白一點：要麼是你要麼就是別人，總要有人要遇到某些事的。

人群中每個人都處於因果循環（形式化的）還有物質循環之中的。想想最後的結果。

就讓做錯了的事停留在當時吧，不要再為此煩惱了。

要學會聆聽。理解所做的事和做事主體的實質而不僅僅是表面。

要為人樸實而謙遜。除了美德和陋習，你要對所有的事保持淡然的態度，熱愛人類，信仰上帝。

人們常說，是萬物皆有法則，只要記住這一點就已足夠了。

關於死亡：無論死亡是肉體的消逝，還是分解了看不見的微粒，或是徹底的毀滅，或者是生命之火的熄滅，或者就是生命狀態的一種改變。

關於痛苦：不可忍受的痛苦奪去了我們的生命；而那持續時間較長的痛苦其實是可以忍受的；心靈為了維持那一片寧靜，必須要回歸本我，而感官的感受不會變得更痛苦。

但是被痛苦蹂躪的身體部位，如果可以的話，就讓它們自己對承受的痛苦表達看法吧。

關於聲望：看看那些一心求名的人們的內心世界，觀察觀察他們究竟是怎樣的人們，還有他們竭力避開的和一味追求的分別是哪些事物。

你想一想，就好像堆沙子一樣，後堆上去的沙子總會覆蓋之前的沙子，所以生活中，過去的事很快就被後來的事淹沒。

柏拉圖曾經這樣說過：對於一個擁有著高尚人格、縱觀全局的人，你認為他會覺得人類的生命有多麼偉大嗎？不會的，柏拉圖回答。

　　這樣的人只會想死亡也不是罪惡的，當然不是的。

　　安提斯坦尼斯（Antisthenes）曾經說過：皇室總是行善事卻要留惡名的。

　　最基本的一點是要表面上溫順，而當心靈引領我們時就要服從心靈的指引。對心靈來說，不要由自身做調整也是最基本的。

　　因為外界環境而苦惱是不對的，因為外界與你毫無關係。面對不朽的神靈還有我們自己，我們將會收穫快樂。我們必定像收穫成熟的稻穀一樣收穫生命：有人來到這個世界，就必定要有人離開。

　　如果神靈不保佑我和我的孩子們，一定要知道這一定是有祂的理由的。

　　只要行善事，必定會得到公正的回報。

　　不要跟著別人一起哭泣，不要任意發洩自己的情緒。

　　柏拉圖曾說，我要給這人一個令他信服的答案，這就是：你說的不好，如果你認為那個萬能的人應該能算出人生命中所遭受的劫難或是死亡的時間，以及不應該只從他的所作所為中看看他是不是為人厚道，是為好人還是壞人工作。

　　因此，希臘的子民們，這就是一個真理：無論一個人所處的地位如何，都要認為這於他是合適的，或認為是被

一個主宰者安排的。

我認為在他改變自己的地位之前，他應該安於現狀，勇敢地承受苦難，不要胡思亂想，不管是死亡還是其他什麼事情。

不過，我親愛的朋友，不妨考慮一下，那些好的高尚的事物是不是與拯救和不拯救不相關呢？

因為對於如此高尚地活著的人或是社會風氣淳樸的一個時代來說，只要是真正的人，都至少會思索這是否不是脫離思想以外的一件事呢：一定不再熱愛生命。

但至於這些事，一個男人一定把這些事託付給女人們，他相信女人們所說的話，沒有男人可以逃脫這樣的命運，下一次就要向女人們詢問他如何才能在有生之年創造出最大的生命價值來。

抬頭望一望星星運行的軌跡，就好像你和它們一起在天空中移動一樣；經常想想物質成分的改變，因為常常這麼想就會滌盡塵世的污穢。

柏拉圖曾經說過這樣一句精彩名言：總是談論他人的人也應該舉目望一望這個紅塵滾滾的世界，好像他是從一個更高的角度俯瞰他們一樣。

他也應該看看塵世裡熙攘的人群、軍事、農業工作、婚姻、協議條款、生與死、公正的法庭上的嘈雜之聲、不毛之地、許許多多的蠻荒民族、宗教慶典、悲傷、集市，一切都混雜在一起，陰陽調和。

回憶過往，政權幾經更替，也許你還能預知未來。

因為要發生的事和過去已經發生過的總是差不太多的，不可能偏離原本的軌道：觀察四十年的人類生活和人類一萬年的生活，兩者時間跨度不一樣，可並沒有發生大的變化。那你還能看到些什麼呢？

從大地生長出的東西最終還是要回歸大地，而來自天堂的種子孕育出的果實總還是要回到天堂。這或許是微粒之間的循環過程，又或許是一種微觀元素類似的消失的過程。

隨身攜帶著食物和飲品，心裡懷著狡猾的伎倆，妄想改變生命的終點逃脫死亡。

從天堂吹來的微風我們必然要忍受，還要無怨無悔地辛苦工作。

也許有人比你更善於戰勝對手，但是這並不代表他更有交際手腕或是為人更為謙遜，也不代表他受到了更好的教導，能對所有的事情都應付自如，更不代表他更能體諒鄰居們所犯的過錯。

在那些所有的工作都能以符合神靈和人類共有的理性的方式完成的地方，我們無所畏懼：因為在那些我們得以藉由各種成功的手段謀取利益，並能按照我們原先制訂的計畫順利進行的地方，我們不用擔心會受到侵害。

我們在何時何地都能真誠地順從所處的環境，公正地對待我們身邊的人；我們也能有技巧地思考，拒絕那些沒有經過深思熟慮的思想就潛進自己的思想體系中去。

不要盲目找尋別人的主要原則，應該關注的是大自然

指引你發現的：既有在你的境遇中呈現出的宇宙萬物的本質，又有你在平常的所作所為中表現出的自己的天性。

但是，每一個存在體都應該根據自身的結構素質有所作為；其他所有的事物正是由於理性存在體的緣故而組成且存在的，正如在一切非理性存在體中，低級存在都是因為高級存在的緣故，而理性存在體中，彼此都是由於對方的存在而存在的。

那麼人類組成結構的主要原則就是社會性。

其次是不屈服於身體的誘導，因為身體正是由於理性明智的行為限定了它自己，永遠都不要沉溺於感官的享受或是欲望的衝動中，因為這兩者都是洪水猛獸。

明智才是最優的選擇，因為明智的理性存在體絕不會允許自己被別的事物擊垮。此外，還要擁有健全的理性，因為存在體生來就是要運用這所有的理性。

再其次，就是要遠離過失和欺騙。

最後，要牢牢把握這主要的原則，繼續前進，這樣就會收穫本屬於自己的成果。

❀ 擁抱你自己的生活吧

要懂得人必有一死，也許不久生命就要終結，那麼就在餘生中，隨心所欲地生活吧。

就去擁抱你自己的生活吧，就去熱愛用你自己的命運紡線編織成的生命吧，因為還有什麼更值得你去熱愛呢？

面對發生在你身上的所有事情之時，不妨想一想那些一樣經歷過這些事的人們，當時的他們是多麼苦惱啊，他們對遇到的這些事手足無措，他們認為這些都是不應該發生的事那如今這些人又去了哪裡呢？到處也找不到他們的身影。

那麼為什麼你還要選擇要以和他們一樣的態度去面對這些事呢？

為什麼你還要在意那些與你的本質不相干的引誘煽動呢？把這些引誘都給那些製造它們和那些經不住誘惑的人們吧。

為什麼不下決心以正確的方式利用你的這些經歷呢？你能好好地利用它們，因為這些經歷為你提供了很好的素材。僅需關注你自己，決心要成為一個有用的人，並為此付出努力。一定要銘記……

洞悉心靈。心靈是所有善的泉源，只要你潛心挖掘，善就在你身邊。

應該強健體質。無論是行為還是態度都不可沒有規律。

因為內心的感受必須要以明智妥當的方式表現出來，而整個身體也需要以同樣的方式表達它的感受。但所有的表達都不得矯揉造作。

生活的藝術與其說是舞者的藝術，不若說是摔角手的技藝，要站得穩，勇敢地迎接打擊，即使這種打擊是突如其來的。

如果你想要得到某人的認可，那你就仔細觀察那人的一舉一動，觀察他們的原則。

因為如果你留意到他們是怎樣形成自己獨特看法和品味的，你就既不會責備那些無心冒犯你的人，也不會再想得到他們的認可了。

哲人們說，每一個靈魂都會不知不覺地遠離了真理，每個靈魂最終都會以相同的方式遠離公正、節制、仁愛以及其他一切善的品質。

將這一點銘記於心是很有必要的，因為這樣你才會更友善地對待他人。

每一次在遭遇痛苦的時候，都要銘記住一點，那就是遭受痛苦並不是什麼恥辱，也不會折損你的智慧，因為智慧是理性的也是社會性的，痛苦無從損害它。

在遭遇極大的痛苦時，可以讓伊壁鳩魯（Epicurus）的這句話激勵你：痛苦既不是不可忍受的也不是無休止的，只要你記住痛苦是有終點的，只要你不添油加醋地肆意擴大你的痛苦；也要銘記這一點。

我們不要把那些不合我們意的事物也視為痛苦，比如嗜睡，比如被炎熱炙烤，比如沒有食欲。

當你對這些事感到不滿就告訴你自己，痛苦已經在支配你了。當心，對那些冷漠無情的人，不要採取和他們一樣冷漠的待人方式。

我們如何知道格勞修斯（Telauges）在品格上不如蘇格拉底呢？因為蘇格拉底僅僅因其更高尚的離去、更高妙

的雄辯術，更能忍受黑夜的寒冷是不能證明他在品質上超越了格勞修斯的。

當他受命不得不去逮捕薩拉米斯的里昂（Leon of Salamis）時，他認為拒絕是更高尚的作法，故此他昂首闊步地行走在街道上時盡管有人可能深表懷疑此事的真實性。

但是我們理應詢問，蘇格拉底究竟擁有怎樣的靈魂，假如他能只是滿足於公正地對待他人還有虔誠地信奉神靈，既不因人類的罪惡而感到苦惱，也不屈服於任何人的愚昧無知，同時不將天地指派給他的職責視為奇怪的責任，也不把天降於斯的苦難視為是無法忍受的，也不允許自己的理性同情可悲的肉體所產生的情感。

大自然並未將智慧混雜於身體的構成之中，並沒有賜予你限定自己的能量，也未賜予你征服你所擁有的一切的力量；因為你既很有可能成為一個偉人，也很有可能成為偉人後卻得不到他人的認可。

不僅要將這一點牢牢記在心裡，還要銘記另一點：即使是再微不足道的細節，它對你的幸福生活來說也是十分必要的。

因為如若你已不可能成為一位雄辨家或是已不可能對大自然的知識了若指掌，那麼你也不要因此而放棄成為一個自由、謙遜、善於交際以及順從上帝旨意的人的希望。

人類是有能力遠離衝動的，只要心中擁有一片寧靜，即使全世界都竭力叫囂著反對你，即使野獸將你的皮囊撕

成碎片。因為這些都妨礙了心靈寧靜，妨礙了心靈對周圍事物做出公正的判斷，妨礙了心靈很好地利用內心世界的產物，以至於在觀察後會做出這樣的判斷。

你是物質的存在（真正的存在），只是在別人眼中，你也許是個異類而在獲得內心世界的產物後，會這樣對它說：你就是我一直在尋找的，因為對我而言，那些自發顯露出來的總是理性，並且帶有政治色彩的道德素材。

一言以蔽之，它們是只屬於人類和上帝的技藝的操練。因為無論發生了什麼，要麼和上帝有關，要麼就與人類有關，這些發生了的事並不是陌生的而是司空見慣了的，也絕不是難以處理的而是能夠應付自如的。

完美的道德品質是這樣的：把每一天都當作是生命的最後一天充實地度過，既不極端亢奮，也不懶散無力，更不要虛偽狡詐。

永生不朽的神靈從不會庸人自擾，因為他們在漫長的時間中必須要不斷容忍人類的行為，雖然人類行為往往是如此的罪惡；不僅如此，神靈們卻還要在各個方面照顧人類。

而你，注定難逃一死，可你是不是已經厭煩了容忍惡行，而當你也做了壞事，是不是也無法容忍自己呢？

人假若無法擺脫潛藏在自身的罪惡，那真是荒誕之極，因為於自己，放下屠刀立地成佛是可能的，而妄想擺脫別人的罪惡卻是不可能辦到的。

理性和政治方面（社會性的）的才能若被證實是非理

性或是非社會性的，那麼就能做出這樣正確的判斷：這種才能是低劣的。

當你做了善事，而別人也接受了你的好意，那你為什麼還要像傻瓜似的要得到更多呢？是想要得到行善的好名聲，還是想要謀求別人的回報？

不會有人已經厭倦了得到更多有用的東西。不過，不違背本性也是很有用的。為此，就不要厭倦為他人多做有用的事，這樣才能得到更多有用的東西。

蘊含著萬物的自然界不斷改變，於是創造出了宇宙。

但現在一切事物或許作為結果發生，或許就連續不斷地發生，甚至就連宇宙間最強大的力量統治著的最重要的事物也不再遵從理性原則了。

如果能記住這一點，那麼你在面對許多事時便能更為鎮定了。

後悔是一種因自己忽略了一些有用的事而進行的自我反省；而那些好的事物一定也是有用的，而完美的好人就應該專注於這些有用的事。

卷八
按照本性生活你才會找到幸福
從大自然汲取偉大的力量
快樂在於保持自己的原則

Book Eight

卷　八

❀ 按照本性生活你才會找到幸福

1 此卷的反思主題也是為了使人們不再沉溺於空頭虛幻的欲望，人們不再無力度過一生，或是至少像一個哲人那樣度過青春以後的人生。

但無論對你自己還是對別人，不通哲學都是司空見慣的。如果你的身心已陷入混亂，那麼你就不再可能輕易地獲得哲人的聲譽，而這也打亂了你人生的計畫。

那麼如果你已真正發現了問題所在，就要摒棄那些想法。

不管你在別人眼裡是怎樣的，如果你能順從自己的本性，這樣明智地度過餘生，那就應該滿足了。

只要遵循你自己的本性，知道自己想要的是什麼，除了本性以外，不要讓外界別的事物打攪你因為你已經在外遊蕩太久了，到處也尋找不到你想要的幸福，無論是演繹推理裡，財富裡，名譽裡，還是享樂裡，到處都沒有你的幸福。

那你的幸福究竟在哪裡呢？就在你的本性裡，唯有按照你的本性生活，你才能找到你的幸福。那麼你怎樣才能按照自己的本性生活呢？

那就要有情感和行為遵循的原則。什麼原則呢？就是

指那些與善和惡相關的原則要相信，不讓人變得公正、節制、剛強或者自由的，就不能算對他善；不使人變得偏頗、縱欲、膽怯或者受束縛的，就不能算對他惡。

2 一舉一動之間，都要問問自己，它與我有怎樣的聯繫？我會因此後悔嗎？不久，我就要死去，一切都會隨之消失。

如果我現在要做的事是一個智者會做的事，是一個善於交際的人會做的事，是同樣奉行上帝法則的人會做的事，那我還要追求什麼嗎？

3 亞歷山大大帝、蓋耶斯（Gaius）還有龐貝（Pompeius），他們三人和戴奧真尼斯（Diogenes）、海拉克利特斯（Heraclitus）還有蘇格拉底相比，會得出怎樣的結果呢？

因為前者暸解萬物和它們的因（形式），它們的本質，他們的主要原則是相同的。而對於後者，他們不得不牽掛多少事，不得不屈服於多少事呢？

4 想一想，就算你會因此惱怒，人們還是會做相同的事。

5 這是最主要的一點：不要焦慮不安，因為萬物都遵循著宇宙的本性；很快，你就會隨風逝去，就像哈德良

（Hadrian）、奧古斯都（Augustus）那樣。

　　另一點，就是要專注於你在從事的事業，同時也要記住，你有責任成為一個有用的人。

　　人性要求做的事，都不要耽擱；說恰當的話，不過要以一種好的姿態來講述，要謙遜，不可虛偽。

　　6 大自然自有自己的工作，它要把這邊的東西移動到那邊去，改變它們，帶走它們，把它們帶到那裡。

　　萬物必有變，因此我們大可不必擔憂新生事物。我們熟知萬物，萬物仍然以相同的方式分布。

　　7 每種本性都懂得自給自足，只要能按照自己的方式順利地前行；而每一種理性都能按照自己的方式進行，只要它不同意任何錯誤或是不確定的思想，只要它引導人類只做於社會有利的事，只要它將己所欲和己所不欲的事物僅僅局限在自己能夠控制的範圍之內，只要它滿足於宇宙本質分派給它的一切。

　　因為宇宙本性包含了世間萬物的本性，就好比一片樹葉的本性也是一株植物的本性的一部分一樣。

　　除非這片樹葉的本性是非理性的，是受到了阻礙的本性；

　　不過，人的本性是大自然本性的一部分，這樣的本性是不受阻礙的，是理性並公正的，因為這樣的本性根據萬物的價值、時間、本質、因（形式）、活動以及偶然性對

萬物進行公平的分配。

　　然而，我們要進行仔細的研究而不是發現，萬物和任何個別事物相比較，在各個方面都是平等的，但我們要把一個事物的所有方面都聚集在一起，然後再將它們和另一個事物的所有方面做比較。

　　8 你沒有閒暇和能力來進行閱讀，但是你卻有閒暇和能力避免自己變得傲慢；你有閒暇超越愉快和痛苦的界限；你也有閒暇超越對名利的追逐。

　　不要因為愚蠢和忘恩負義的人們而使自己煩惱，甚至可以不去關注他們。

　　9 不要再讓別人聽到你挑剔宮廷生活和自己生活的聲音。

　　後悔是一種因自己忽略了一些有用的事而進行的自我反省；而那些好的事物一定也是有用的，而完美的好人就應該專注於這些有用的事。

　　但是他們中沒有人會後悔拒絕了感官上的享樂。

　　因此，感官上的享樂既不是好的也不是有用的。

　　對於這種事，它自身蘊含著什麼？它自身的構造裡蘊含著什麼？它的實質是什麼？

　　它的因（或者說是形式）是什麼？它存在於世界上是要做什麼呢？它又能存在多久呢？

當你極不情願地從睡眠中甦醒過來，要記住，這是按照你的身體結構素質以及你的本性的正常的活動，但是睡眠對於非理性的生物而言也是正常的需求。

但是按照每個個體的本性的行為尤其自我的行為，也更符合這個個體的本性，也是更能讓其心曠神怡的。

如果有可能，就在獲得來自靈魂深處的每一個靈感時，不斷地應用物理學、倫理學以及辨證學的原則。

無論遇到了什麼樣的人，你都要馬上對自己說：此人對於善和惡的觀點如何？

因為他對於快樂和痛苦還有其中的緣由，對於榮辱，對於生死，都有自己這樣或是那樣的看法，如果他做了這樣或是那樣的事，我對此也並不覺得新奇或是陌生。我要記住的是，這些都不是他自願而為的，所有的事都是強加在他身上的。

要記住，如果你因為看到無花果樹結出了無花果而大驚小怪，你真是應該對此感到羞愧，而類似的，如果你因為發現這世界創造出了這樣或是那樣的事物而大驚小怪，你同樣應該感到羞愧。

要是身為一名醫生卻對著一個發高燒的患者大驚小怪，要是身為一名舵手卻對著狂風暴雨大驚小怪的，那可真是莫大的恥辱。

要記住，要麼你改變自己的看法，認同那個改正了你的錯誤的人；要麼你還是堅持自己的錯誤，你可以自由地兩者選擇其一。因為，這些活動都是你根據自身的行為舉

止和判斷，以及你的理解實施的。

如果一件事已盡在你的掌握之下，那你還有什麼理由要完成它呢？而如果這件事盡受他人的擺布，那你還要責備誰呢？難道要責備大自然的偶然性或是神靈嗎？無論責備誰都是極其愚蠢的。你不能責備任何人。因為，萬事總有因果，如果你可以，那就去改變「因」吧。但是如果你做不到，那至少也要改變事物本身。可你要是連這也做不到，那你挑三揀四的又有什麼用呢？因為只有有了明確的目標，你才能有所作為。

死去的事物仍然留在宇宙空間中。如若它留在這裡，那它也就在這裡發生改變，它會分解成宇宙和你需要的元素。而這些分解的元素自身也會毫無怨言地發生改變。

萬物存在皆有因。無論是一匹駿馬，還是一串藤蔓。對此你有什麼好奇的呢？就連太陽都會說，我的存在是有目的的，其他的神靈同樣會這麼說的。那你的存在有什麼樣的目的呢？是為了享樂嗎？想想常識會不會讓你這麼說。

大自然對結果的關注和它對開始或是過程的關注一樣的熱切，這就像一個向空中投球的人一樣。球被扔上去有什麼好處呢？而它要是掉下來或是已經掉在地上又有什麼壞處呢？

對於氣泡來說，產生有什麼好處，而破裂又有什麼壞處呢？相似的，對於火焰的燃起和熄滅也是這樣，沒有好壞可言。

剖析你的身體，看一看它究竟是怎樣的；當身體漸漸老去，它又會變成什麼樣呢？當身體染上了疾病，它又會是怎樣的呢？

無論是崇拜者還是被崇拜者，回憶的人還是被回憶的人，他們的生命都畢竟是短暫的：所有的崇拜和被崇拜、回憶和被回憶都隱藏在這世界的一隅。甚至不是所有人都贊同這一點的，不是的，甚至自己都不能認同自己：這整個地球也只是宇宙中微不足道的一小點而已。

關注眼前的事，不管是一個觀點，一個行為或者只是一個字。

你公正地承受這些，因為你選擇了明日的輝煌而不是今朝的享樂。

我正有所為嗎？我在做的是和人類至善有關的事。我遇到什麼了嗎？我默默承受，並把一切都歸於神靈和萬物發生的根源。

就像你洗澡時看到的油漬、汗漬、塵土、髒水和一切骯髒的東西一樣　　生活的各個層面，一切都是骯髒不堪的。

露西婭（Lucilla）看到維拉斯（Verus）死了，於是露西婭（Lucilla）就跟著死去了。塞康達（Secunda）看到馬克沁（Maximus）死了，於是塞康達（Secunda）就跟著死去了。艾皮提查努斯（Epitynchanus）看到第歐提姆（Diotimus）死了，於是艾皮提查努斯（Epitynchanus）就死去了。安東尼奧（Antoninus）看到法奧斯蒂娜

（Faustina）死了，於是也死去了。一切都是這樣。凱勒看到哈德良死了，於是安東尼奧（Antoninus）死了。

那些赫赫有各的人物都到哪裡去了？智慧的人如，查拉克斯（Charax），德莫特雷斯（Demetrius），柏拉圖主義者，艾德蒙（Eudaemon），或是像他們一樣充滿智慧的人們，他們像一縷青煙般消失了。一些人甚至很快就被人遺忘了，而一些卻被當作了神話裡的英雄，而還有一些人甚至從神話故事中也消失了。記住這一點吧，記住小小的化合物，要麼就分解掉，要麼就不再呼吸不再生存，要麼就離開，到其他地方去。

對於一個人來說，能做自己適合的事就會感到滿足。那麼，對於一個人適合的事情就是：對自己的同胞友善，對不理性的行為舉止嗤之以鼻，對花言巧語有免疫力，對宇宙的本性以及宇宙間的一切做一個縱觀的考察。

❀ 從大自然汲取偉大的力量

你與外界事物有三大聯繫：

一、是你的身體和你所處的環境之間的聯繫；

二、是你與創造了萬物的神的原因之間的聯繫；

三、是你與所有與你生活在一起的人們之間的聯繫。

痛苦既不是對身體的惡，讓身體自己表達它的感受，也不是對靈魂的惡；靈魂只是用痛苦來保持自身的寧靜安詳，它並不認為痛苦是一種罪惡。因為每個判斷、行為、

己所欲和不欲都是發自內心的，沒有痛苦能夠達到這麼高的心靈境界。

這樣來消除自己的幻想，常常對自己說現在我有能力阻止任何的罪惡侵蝕我的靈魂，也不再有欲望或是焦慮了；我眼中的萬物，我都能看到它們的性靈，我根據各自的價值合理地利用它們。要銘記：這是從大自然汲取的偉大力量。

無論是在嚴肅的參議院裡發言，還是與一個普通人交談，不管他是誰，你都要注意：措辭要恰當，真誠而不要虛偽，語氣要盡量平緩。

奧古斯都的宮廷、妻子、女兒、後代、祖先、姐妹、阿格里帕（Agrippa）、親人、至交、朋友、阿雷伊斯（Areius）、馬西納斯（Maecenas）、醫生和祭司整個宮廷都已滅亡。

再來看看其餘的人們，不要想某個個體的死亡，而是要關注整個家族的滅亡，就如龐貝家族一樣：那被刻在墓碑上的家族最後的名字。再想一想，是什麼困擾了他們，他們本可以留下後代？然後，不妨再考慮一點：總是要有人成為家族裡的最後一個人的。接著再思考這個家族的滅亡。

你有責任讓你的生活有條不紊。每件事，你都事事親為，鞠躬盡瘁，那你就應該滿足了。沒人能阻止你不盡力做好每一件事。

但是總有外界的干擾擋住了你的去路。但沒有什麼可

以阻擋你的，只要你公正、冷靜而且考慮周全。也許某一種別的力量會受阻。好吧，可只要你不在意這種阻礙，並願意轉而努力地去做其他被允許做的事，另一個機會就會立刻出現在你面前了，它會彌補原先那因受阻而喪失了的機遇，這也是一個適應了我們所說的那種使生活中有條不紊的秩序的機遇。

　　富裕了，或是興旺發達了，也不要自鳴得意。隨時都要做好心理準備，因為你隨時都可能失去這財富和繁榮。

　　如果你曾親眼目睹有人被砍斷了手腳，甚至頭顱，分散在殘缺的軀體的四周，人也正是這樣對待著他們自己。只要他做得到的，他對現實不滿，就把自己隔離在人群之外，或是做出很多反社會的事來。如果，你已經讓自己脫離了大自然統一體。

　　因為你本就是大自然的一部分，可是現在你卻脫離了大自然，孤立自己。不過，這裡還有個完美的彌補辦法，讓你得以重新回歸大自然統一整體的懷抱中。擁有這樣的機會，是上帝對你的垂憐，上帝從未把這樣的機會賜予其他生物。在孤立你自己之後，你還有這樣的機會重新回歸整體。但是不妨想一想上帝對人類的仁慈，因為上帝賜予了人類控制自己不脫離整體的能力；而當有人被孤立出來時，上帝又允許他回歸，仍然留在他原來的位置上。

　　大自然將其擁有的所有其他的能量都賜給每一個理性存在體，因此我們同樣也從那裡獲得了這種力量。因為正如大自然在注定的位置上安排了所有阻礙其發展並且反對

它自身的物質，並將這些物質轉化為自身組成的一部分，那麼理性生物也同樣能將每個障礙物轉化成自身的一部分，按照已經設計好的方案利用它們，以達到自己的目的。

不要因擔憂自己整個人生而感到苦惱，不要讓你的思維一下子擁抱你未來可能遇到的各種各樣的煩惱，而是要在每一次遇到煩惱時，就問問自己：這其中有什麼是我所不能忍受或是承受的？因為你會因承認自己無法承受而羞愧難當的。

其次，你要記住的是，未來或是過往都不能傷害於你，能傷害你的只有現在。不過如果你限定它，那這種傷害就會大大減小，而如果你連這也不能控制，那就歸咎於你的心靈吧。

潘瑟（Panthea）或是帕加穆（Pergamus）如今還坐在維拉斯的陵寢旁嗎？喬內阿斯（Chaurias）或是第歐提姆（Diotimus）現在還坐在赫德里安（Hadrian）的陵墓之側嗎？如果是，那將是多麼荒誕啊。好吧，假設他們真的還坐在那裡，亡魂難道還能感受到嗎？就算亡魂是有意識的，那他們會為此感到欣慰嗎？就算他們感到欣慰，那這能讓他們起死回生嗎？

這些人命中注定都是要衰老，最後死去的。那在他們死後，活著的人又要做什麼呢？人死去了，便只能留下散發著讓人作嘔的氣味的血肉皮囊罷了。

哲人說，如果你目光如炬，那你便能理智地觀察並做

出判斷。

我在理性生物的結構裡看不到任何有悖於公正的德行，我看到的是一種反對享樂的德行，那就是節制。

有一些給你痛苦的評價，如果你刻意避開它們，那你自己就能更好地保護自我。這自我又是指誰呢？是指理性。

可是我不是理性。那就讓自己變成理性。然後讓這理性不要再庸人自擾。而如果你身體的其他部位遭受了傷害，就讓它們自己做出主張吧。

感官障礙對動物的本性而言是種不幸。而行動（欲望）障礙對動物本性而言同樣是不幸。

其他事物對於植物結構來說也同樣是一種阻礙，也是種不幸。

因此，我們可以得出這樣的結論，即理解的障礙也是這生物的一種不幸。

那麼把這結論運用到你自己的身上，痛苦或是快感影響你了嗎？你的感官自會告訴你。

當你在為了某個目標努力付出時，你遇到阻礙了嗎？如果你確實已經不遺餘力地付出了努力（無條件無保留地付出），那這障礙對你而言理所當然是不幸的，可是你不妨想一想事情歷經的一般過程，那你就不算是被傷害了，也不算是受到任何的阻礙。

然而，沒有人可以阻礙適於理解的事物，因為不論是火焰、鋼鐵、專制的暴君或是詛咒，都不能以任何的形式

影響它。

一旦被造成了一個球的模樣，它就永遠都是一個球了。

我不會傷害我自己，因為我也從未蓄意地傷害他人。

❀ 快樂在於保持自己的原則

不同的人會從不同的事物上獲得快樂。而我的快樂就在於保持自己的原則，不拒人於千里之外，對於他們的遭遇不敷衍了事，我要凝視那些友善的眼眸，我要接受他人的好意，我還要根據萬物的價值對萬物合理地利用。

你務必要保證，牢牢把握住現在：因為令那些追求死後聲譽的人沒有想的是，自己死後，那些後來人還是會像現在的人一樣讓他們無法容忍的。

誰都有一死的。那麼如果後輩對你說東道西，或是對你有著各式各樣的評價，那對你又算得了什麼呢？

無論你將去向何方，請帶著我吧；因為在那裡，我仍要保持我神聖部分的寧靜，也就是說，我要讓那部分滿足，如果它能讓自己的感覺和行為與其結構相一致。

能用地方改變了來解釋我的靈魂為什麼變得不再歡愉，或者比這更糟，變得憂鬱、膨脹、退縮或是膽怯嗎？那你又能找到什麼原因來對此做出充分的解釋呢？

人身上發生的一切都是人自己的造化，而牛身上發生的一切也都是牛本身的造化，藤蔓發生的一切變化也是

它自身的造化，石頭身上發生的也是符合石頭本身的造化的。

那麼如果理所當然的尋常事發生了，你為什麼還要抱怨呢？因為共同的本性帶給你的一定都是你自身的造化。

如果外界事物讓你痛苦，那你要明白，並不是這事物本身讓你苦惱，而是你對這種傷害做出的判斷。

那麼，現在你就有能力擺脫這種判斷。但是如果是你性格中某個因素使你痛苦，那誰來阻止你改正這種觀點呢？即使你是因為自己沒能做某件你應該去做的事而感到痛苦，那你為什麼不立即行動而是待在原處抱怨呢？

可有不可踰越的障礙橫亙在你面前？別對此感到難過，因為萬事總有因果，而此事的因並不在於你。

不過，要是這事無法完成，你就覺得不值得再活下去。那就心滿意足地割捨自己的生命吧，就好像一個死去的人也曾有過豐富的生活，也曾對阻礙自己的事物感到過欣喜。

要銘記，你最主要的能力是不可戰勝的，這是在保持鎮定自若的情況下，也不去選擇做任何的事情。

那麼當你進行了理性、深思熟慮的思考後對某事形成了一種判斷時，它又會是怎樣的呢？

因此，從過度的激情中釋放出的心靈就是一座堡壘，因為對於我們而言，沒有什麼比一座堡壘更安全的了，它可以作為我們的避難所，也能庇護我們逃避不幸的未來。

沒有認識到這一點的人是愚昧的，而已認識到這點，

卻不去找尋這避難所的人則是不幸的。

除了第一印象之外，不要再和自己說什麼了。假設你的第一印象是，某人在說你的壞話，這資訊已經傳達到你那裡了，可是你還沒有意識到自己因此受到了傷害。

我知道我的孩子病了。我真地已經知道了，但我還沒意識到他正處在危險之中。

因此你只要一直停留在第一印象上，不要再在內心增加任何的負擔了，這樣，你就不會遭遇那些不幸了。

或者你寧願增加心靈的負擔，就像一個通曉世界上發生的一切的能人一樣。

黃瓜變苦，那就扔掉它。道路上佈滿荊棘，那就盡力避開它，這樣就足夠了。

除此以外不要再節外生枝了，比如問為什麼這世界上會創造出這樣的東西？因為你會因此被一個熟知大自然的人嘲笑，這就好比，你要是在木匠的作坊裡看到木屑，或是在鞋匠的作坊裡看到邊角料而大驚小怪，你就會被他們嘲笑。

但他們是有地方扔掉這些木屑和邊角料的，而大自然沒有多餘的空地了。

而大自然的美妙之處就在於，盡管它已對自己有所限定，但她將萬物中那些已經腐朽、衰老或是變得無用的事物又轉化成它的一部分，然後重新創造出完全相同的新的事物，這樣它就不會要求從無到有，也不需要用來扔掉那些腐敗的物質的地方了。

它對自身的空間、自己的重要性以及自己的處理辦法很滿足。

你既不行動遲緩，又不邏輯混亂，既沒有迷失自己的思想，也沒有讓你的心靈發生內部的紛爭或外部的流洩，更沒有讓自己的生活過於忙碌沒有休閒。

假如有人要謀害你，要把你碎屍萬段，詛咒你，但這些又怎麼能阻止你保持心靈的純潔、明智、清醒還有公正呢？

比如說，如果一個人站在清澈純淨的小溪旁，詛咒這小溪的流水，但它永遠都不會停止湧出源源不斷的甘甜泉水；而如果他向小溪裡投擲泥巴污物，它也會很快沖散這些污物，並把它們清洗去，小溪本身是絕不會受到污染的。那麼你該如何擁有一座永遠潔淨的清泉而不僅僅只是一口淺井呢？

那就要時時刻刻塑造你自己，改變你自己，達到滿足、率直和謙遜的自由境界。

不瞭解這大千世界的人就無法正確地定位自己，不知道這世界為何存在的人也就不知道自己究竟是誰，或這世界究竟是怎樣的。

而對這些事茫然不知的人甚至都不知道自己是為何而存在的。那麼你又如何看待那些或是逃避，或是追逐他人的讚賞的人呢？如何看待那些無法給自己定位或不知自己是誰的人呢？

你是否想得到一個每小時要責罵自己三回的人的稱讚

呢？你是否想要取悅一個連對他自己都不滿意的人呢？

試問一個總是不斷後悔自己所作所為的人又如何讓自己滿意呢？

不要再讓你自己的呼吸只是和你周圍的空氣步調一致了，而是要讓你的智慧也同那擁抱萬物的智慧和諧一致。

因為對於一個比之讓他能順暢呼吸的空氣，更想要汲取智慧的人而言，智慧的力量更是能夠滲透進他身體中的每一個細胞。

大而言之，其實邪惡並不能侵害宇宙；小而言之，某個人的罪惡也不能侵害他人。邪惡只能侵害那些本身就邪惡，但是只要他願意馬上就可以擺脫自身邪惡的人。

與我的自由意願相比，我毫不在意鄰居的自由意願，正如我毫不在乎他那可悲的呼吸和肉體一樣。因為盡管我們是鄰居，互相依存，但我們各自向不同的方向發揮力量，否則，我的鄰居的罪惡就會侵害我了，而這並不是上帝的意圖，因為上帝並不願讓我們的不幸也息息相關。

太陽的光輝彷彿一瀉千里，它向各個方向播灑著它的光明，然而這並不是溢出的光芒，因為這種光明的播灑是一種延伸。

因此陽光才被稱作「延伸的光明」，因為光明是被延伸的。可是你可能有自己對於陽光的判斷。如果你正看著一縷陽光透過一個小小的細縫射進幽暗的屋子，因為這陽光此時被延伸成了一條直線，而當它射到前方某一個固體上時，它彷彿被截斷了一般，但是陽光仍然停駐在那裡，

並沒有滑動或是消失。

　　而理解也應該這樣一瀉千里以及擴散，它也並不是一種溢出，而是一種延伸。

　　理解不應粗暴地衝撞阻攔在面前的障礙物，也不應該滑落消失，而是停駐在那阻礙物上，並照亮接受它的物體。因為如果物體不接受的話，它就得不到光亮。

　　害怕死亡的人或許會害怕喪失知覺，或許會害怕喪失另一種知覺。但是如果你沒有了知覺，那你就再也不會感受到痛苦；如果你得到了另一種知覺，那你就將是一種全新的存在，你的生命將永不停止。

　　人類是為了扶持彼此而生存的。那麼就去教導他們，包涵他們吧。

　　射出的箭在空中劃出了一條軌跡，而心靈追逐著另一條軌跡。

　　當心靈謹慎小心地致力於這種探索時，它就會徑直地衝向其目標了。

　　瞭解每個人的才能，同時也讓他們瞭解你的。

不要鄙視死亡，而是要因死亡而感到圓滿，因為這也是大自然的意願之一。

卷九
不要遠離與你有共同原則的人
別讓他人的惡行影響你
不要和愚昧的人做無意義的談話

Book Nine

卷　九

❀ 不要遠離與你有共同原則的人

1 做事不公正的人就是對神明的不敬。因為大自然是為了讓理性生物互相依存才創造了它們，它是要讓理性的生物們互幫互助，而絕不是以任何形式傷害彼此。

違背大自然意願的人理所當然是有罪的，因為他對最高神明大不敬。

而撒謊的人也同樣因觸犯了神明而犯下罪孽；因為大自然的本性就是萬物的本性；與萬物相關聯的事物才有誕生存在的理由。

進而，這種宇宙的本性被人類奉為真理，它就是真實的萬物的因。

有意說謊的人因其不公正的行騙行為而犯下對神明不敬之罪；而非有意說謊的人同樣也違背了大自然的意願，因其對抗自然而擾亂了大自然的秩序；因為其對抗自然，他也就走向了真理的相反面，因為他此時還不具有辨別是非的能力而只是從自然的消極面汲取了消極的力量。

而那些將享樂當作神一樣來追逐，把痛苦當作魔鬼一樣來躲避的人，同樣也是對神明不敬的，他們是有罪的。

因為這樣的人必然總是會抱怨大自然，聲稱它沒有公平地把萬物分配給善人和惡人，因為惡人總是能縱情聲

色，擁有能產生快樂的東西，而好人分到的只有痛苦以及為他們帶來痛苦的東西。

進而，害怕痛苦的人有時候也會害怕世界上可能會發生的事，而這也算是一種對神明的不敬。追求享樂的人不會戒除不公的作風，這顯然也是一種不敬。

現在，關於那些受到大自然相同影響的事物，因為除非大自然對它們的影響是完全相同的，否則它不會創造出它們來。

想要追隨大自然的人應該以相同的心態來看待它們。關於痛苦和快樂，生與死，或是榮與辱，它們都是大自然創造出的產物，沒有一一經歷過這些的人顯然也是對神明不敬的。

我想要說的是，大自然均等地使用它們，我並不是說它們同樣地發生在一代一代的人身上，也不是說它們同樣地發生在那些因神明的本意而產生的後來人身上，再根據這樣的天意，它們從某一點開始重蹈覆轍，然後想到它們未來的某種法則。

這決定了一種能夠產生存在和變遷的力量以及相類似的連續不斷的力量。

2 倘若一個人一生中都沒有嘗試說謊、虛偽、奢侈、自負，然後離開人間，這真是人最好的命運了。

然而就像俗話所說的那樣，當一個人對以上這些有所嘗試時再結束自己的生命，這就無異於一場僅次於最好的

旅行了。

你是否已決心向惡，卻尚未勸服自己逃離這場瘟疫？

因為理性的喪失也是一場瘟疫，比我們周圍的氣候的腐化或是改變更像是一場瘟疫。

因為氣候的腐化之於動物是動物的一場瘟疫，而理性的腐化之於人類是人類的一場瘟疫。

3 不要鄙視死亡，而是要因死亡而感到圓滿，因為這也是大自然的意願之一。

因為就像人總是會經歷青春和衰老，日臻成熟，長出牙齒和鬍鬚還有白髮，懷孕還有生育，然後撫養成人，還有其他所有的生命四季的自然造化。死亡也是這樣的事。

而這與一個反省之人的性格也是一致的，對於死亡的態度既不粗心大意，也不缺乏耐心，也不會鄙視，而是要將死亡當作大自然裡一個平常的必經過程來靜靜地等候。

就像你現在正等待著寶寶從妻子的子宮中分娩出一樣，因此你也要做好準備迎接靈魂離開你的軀體的那個時刻。

但是如果你也要求能得到一種直抵你心靈的庸俗的寬慰，那你將藉由仔細觀察那些你就要離開的事物，還有那些靈魂不再與之交往的人們的品行來與死亡和解。

因為，由於受到他人的冒犯而惱怒是不當的行為，而尊重他們、溫柔地包涵他們才是你應該要做的事。

還要記住的是，不要遠離那些與你擁有相同原則的

人。因為如果世上真有可以向相反的方向引領我們並讓我們依賴生命的事的話，那麼和那些與自己擁有相同原則的人生活在一起便是唯一可做的事了。

但是現在你可以看到住在一起的人因彼此不和會產生多大的麻煩，這樣，你可能就會說，哦，死神啊，快來吧，恐怕連我都要迷失自己了。

4 人們做錯事，最終究竟還是害了自己。而行為不端的人最終也究竟是害了自己，因為他讓自己變成了惡人。

5 不僅僅是那些做了某事的人是行為不端的人，而那些沒有做某事的人其實也是行為不端之人。

6 現在你的看法觀點建立在理解之上，你的行為也是為了社會的利益，而你對發生的一切都感到滿足，這樣就足夠了。

7 不要再幻想，克制欲望，消除貪欲，充分發揮自己的才能吧。

8 沒有理性的生物擁有的只有生命，而理性生物卻擁有睿智的靈魂。

萬物共用一片熱土，都稟賦著大自然的靈氣，而我們看到的是同一種光線，呼吸的是同樣的空氣，我們所有的

人都擁有著視覺的官能，也都擁有著生命。

9 共同承擔的事物都會偏向於它們的同類。由土而生的事物總還是會回歸大地，一切液態的存在體都將不斷流動，最終交會到一起。

而所有氣態的事物也同樣如此，因此它們就需要某個事物或是借助某種力量來將它們分離開。

確實是這樣啊，火是由於其猛烈的火焰才向上燃燒，但這火是如此情願與此處的火一起燃燒，就連一切乾燥的、易燃的物體都會一同燃燒。

這是因為這些物體中很少混雜不易燃燒的物質。因此，所有分享著相同理性的事物也以相似的方式偏向於自己的同類，甚至會偏向得更為明顯。

因為較之一切其他的事物，它顯得要高等得多，它也同樣更為情願和與它相似的事物混合或融合進彼此中。

於是我們在非理性的生物中發現了成群的蜜蜂、牛羊，我們還發現了成鳥哺育雛鳥以及表現出來的愛；因為即使是動物，它們同樣擁有靈魂，而將它們聚集到一處的力量似乎也在很大程度上充分發揮出來了。

而在植物、岩石還有樹木中，我們卻從沒有觀察到這樣的現象。然而當我們觀察理性生物時，卻看到了政治集團、友誼、家庭以及人們的集會，此外我們也看到了戰爭、協商以及休戰。

但是在那些更為高等的生物中，即使它們彼此分離，也還是以某種方式統一在一起，就如夜空中的星斗一樣。

這也就是說，上升到更高等的境界，即便彼此分離，也能產生一種互相之間的彼此扶持。那麼，看吧，現在發生了什麼？

因為現在只有理性生物遺忘了彼此的欲望和癖好，也只有在它們那裡我們看不到聚集到一起的趨勢。不過盡管人們竭力避免這樣的聚集，他們仍然會因此而受到牽絆，因為他們的本性過於強烈；只要你稍稍觀察一下，就能領悟我的這番話。

那麼你就將發現任何生於土的事物與非生於土的事物產生聯繫都要比一個人脫離人群的速度快得多。

無論是神，是人還是天地，都能開花結果；它們在合適的季節中結出果實。

但是，如果把這些詞語用於藤蔓或是與之類似的事物卻沒有任何意義。

理性存在體的開花結果，既是為了眾生，也是為了自身，它們產生了與理性本身性質相同的另一些事物。

❀ 別讓他人的惡行影響你

倘若你力所能及，那就去教導那些做了錯事的人吧，但是倘若你有心無力，那就記住寬容就是因此而生的。

而神明同樣也會寬恕這些人的，它甚至會出於某些緣

故來幫助他們獲得健康、財富和聲譽。

神明對眾生是如此仁愛。而你同樣有能力做到，或者說，誰能阻止你做到呢？

不要神情沮喪地工作，也不要像一個被同情或是被稱讚的人那樣地工作，而是要將你的意願專注於某一件事，付諸行動，不斷反省自身，就如社會理性所要求的那樣。

如今，我已經擺脫了所有的煩惱，或者說我已經丟掉了所有的煩惱，因為煩惱並不來自於外界，而是來自於內心，在我的個人主張中。

萬物都是一樣的，都擁有豐富的經驗，而存在的時間也都是短暫的，但其價值都是不可估量的。如今的萬物都與我們埋葬了的那些歷史裡曾經存在過的事物是一樣的。

事物外在於我們，它們都不瞭解自身，也不能發表任何的判斷。那如何評價它們呢？依靠你的理性。

理性的社會生物的善與惡並不在於被動的所作所為，而是其主動的所作所為，正如他的美德和罪惡也不在於其被動的所作所為，而是主動的所作所為一樣。

對於一枚被擲向天空的石頭而言，掉下來並不是什麼罪惡，而被人攜帶也不一定是件好事。

深入瞭解人們的行事原則，你就會發現你所害怕的是怎樣的評價，你也能發現人們對自身的評價又是怎樣的。

萬物都在改變：你自身就是在不斷的轉變中，某種意義上來說，你自身也處於不斷的毀滅之中，而整個宇宙也正是這樣。

你不應讓他人的惡行影響你。

運動的終止，觀點的停擺，以至於死亡，從某種意義上來說都不是罪惡。

現在就轉變你的思維，思考思考你的生命，生命就像是一個孩童，或是青年、壯年還有老年，因為在這些階段裡，每一次的改變都是死亡，這有什麼好害怕的呢？

現在就轉變你的思維，想一想你祖父的人生，接著是你母親的人生，然後是你父親的人生。而當你發現了更多別的不同還有改變或者終止，那就問問你自己，這有什麼好害怕的嗎？

然後再以這樣的方式類推到這樣的結論無論是生命的終止或是改變，都不是可害怕的事情。

趕緊省察自己的理性（Ruling Factlty），天地的理性以及鄰居的理性吧：省察你自己的理性，你可以讓它更為公道省察天地的理性，你要記住的是，你是它的一部分。

省察鄰里的理性，你可以由此得知他是行事莽撞還是充滿睿智，而你也可以發現他的理性是否能與你的理性相媲美。

因為你是社會大系統裡的一個組成部分，所以，就要讓你的每一個行為也鎖合社會生活。你的任何行為如若與社會利益沒有直接或是間接的聯繫，那無論是什麼行為，都會毀壞你的生活。

不要讓行為整齊劃一，人類有叛逆的天性，就好像某人在公眾集會上我行我素，不苟同於人們普遍的看法一

樣。

　　小孩子的吵鬧，他們的遊戲，還有軀體已然滅亡的可悲的靈魂，這就是一切。亡者的住宅中的陳列品更強烈地衝擊著我們的視覺。

　　觀察物件形式上的特徵，將物件與其物理成分分開來，接著再注視物件，然後確定其時間，這就是這種形式的物體所能自然忍耐的最長的時間了。

　　你已經經歷了無數的煩惱，因為你不滿於自己的理性，而你的理性只是做了命中注定的事。但是，這已足夠了。

　　倘若有人責備你或者厭惡你，倘若有人說了中傷你的話，那麼你就接近了他們可悲的靈魂，探究他們，看看他們究竟是什麼樣的人。

　　你將發現其實完全沒有理由因為他們而讓自己煩惱，因為這些人總是對你有著這樣或者那樣的看法。無論怎樣，你都一定要善待他們，因為他們的本性是友好的。

　　而眾神也會借助各種各樣的手段幫助他們，比如託夢給他們，或者暗示他們，以此讓他們得到他們所珍惜的事物。

　　宇宙的周期性活動也同樣如此，年復一年起起伏伏。而人類的理性也在活動，這也就引起了各種各樣的結果；如果理性尚且如此，那就滿足於理性運動的結果吧。

　　或者宇宙理性一旦活動，萬物就以某種方式跟隨著一起運動；又或者萬物其實都來自於不可分割的元素。總而

言之，倘若有神靈的庇佑，那一切都會進展順利；倘若是偶然因素決定一切，那就不要被它完全支配。

不久之後，大地就要淹沒我們所有人；到那時，大地也會改變，而由這變化而產生的所有事物也都會繼續改變，直到永遠，不斷地循環反覆。

因為如果有人仔細思慮這些變化以及如同波浪般一浪接著一浪的不間斷的轉變，他就將鄙夷一切易腐爛的事物了。

萬物的因就像是冬日裡的激流：它裏挾走一切。然而所有這些捲入政治漩渦，還在裝腔作勢高談闊論哲學的可憐的人們是多麼的一無是處。

他們都是喋喋不休的傻瓜。好吧，你，就去做天性要求你做的事去吧。

開始行動，如果你可以做得到，不要再東張西望想要看看是否有人觀望著你；不要指望柏拉圖的理想國了，而是要懂得滿足，如果連最細小的事也做得很好。

不要把這樣的事當成是小事，因為有誰能改變人們的看法呢？而不能改變別人的觀點，也就只能做個表面不吭一聲，暗地裡卻哀聲連連的奴隸了。

那就過來，給我講講亞歷山大大帝、菲力浦還有法拉魯姆的德莫特雷斯（Demetrius）的故事吧。

他們自己也會判斷自己是否瞭解了共同天性的要求，也按照要求訓練自己。然而如果他們表現得像個悲劇英雄，那就不會有人責備我模仿他們。哲人就應當樸實而謙

遜。不要將我引向懶惰與自負的深淵。

俯瞰熙熙攘攘的人群和他們各種各樣數不盡的莊重儀式，還有在或平靜或狂暴的海面的數不盡的航行，再看看生活在一起的眾生的差別，看著他們生或死。

也不妨想一想古時的人們、你的後來人，那些生活在荒蠻民族的人們，想想他們的生命，想想他們中有多少人連你的名字都不知曉，有多少人不久就要忘掉你的姓名，而他們也許現在還在讚許你，不久就要責備你。

人死後，他的姓名就不再有任何價值，無論是聲譽還是其他都是這樣的。

快擺脫因外界的干擾而產生的焦慮吧，公正地對待內在因素產生的各種各樣的事吧，也就是你要從事的社會性活動，因為這麼做符合你的天性。

你可以清除掉許多擾亂你的無用的東西，因為這些東西完全在於你的看法；而你倘若想為自己贏得一個更廣闊的空間，那就是要用心思考整個宇宙，思慮時間的永恆。

並觀察每個瞬息萬變的事物，從生到死是多麼短暫，而生之前、死之後的時間又是如此無限。

❀ 不要和愚昧的人做無意義的談話

你所看到的所有事物都將很快消逝，而那些目睹過死亡的人們也將很快消逝。那些活得最長久的人和那些過早離世的人最終都是要被死神帶走，兩者沒有什麼差別。

這些人的主要原則是什麼呢？他們在忙碌些什麼呢？他們因為什麼樣的理由熱愛和尊敬呢？想像一下他們那貧瘠的可悲的靈魂。

　　他們認為自己理應因受罰而行惡，因稱讚而行善，這是多麼荒謬的想法啊！

　　損失只是一種改變。而大自然因改變而快樂，臣服於它的萬物如今都進行順利，自古便是以類似的形式進行，而且永遠都會是這樣。

　　那麼你還想要說什麼呢？要說萬物業已或總歸要變壞的嗎？還是要說至今都沒有發現神靈有矯正這一切的力量，而這個世界充斥在永不停歇的罪惡中呢？

　　萬物之基的物質的腐爛啊！水，塵埃，骷髏，污物；或是大理石，大地的硬化；金銀，沉澱的物質；衣服，一點毛皮；紫色的染料，鮮血；所有其他的一切，也是相同種類的事物罷了。

　　具有呼吸天性的事物也是相同種類的另一事物，只不過從此變化到彼。

　　這種悲慘的生活，嘀嘀咕咕和愚蠢的伎倆，夠了。你為什麼苦惱呢？這有什麼新奇的呢？是什麼擾亂了你呢？

　　這是事物的表面嗎？看看它吧。還是事物的本質呢？看看它。但是除此以外已別無他物了。那就面向神靈，此時總算變得更簡單、更好了。無論我們是花了百年還是三年來觀察這些事物，得出的結論都是一樣的。

　　如果有人做了錯事，那只是對他自己有害。但是，也

許他並沒有做錯。

也許萬物都有一個相同的理性根源，在一個群體中統一為整體，每一個成分為了整體的利益都不應該挑三揀四的；也許只有微粒，除了結合和分解沒有其他的方式。

那你為什麼還要煩惱呢？對你的理性說：「你死了嗎？你腐化了嗎？你為人虛偽嗎？你是否變成了一頭野獸？你與他人聚集在一起並和別人休戚與共嗎？」

神明要麼就擁有力量，要麼就沒有。那麼如果他們沒有力量，你為什麼還要向神明禱告呢？

但如果神明擁有力量，那你為什麼不向他們禱告賜予你無所畏懼的力量，或是賜予你不再渴求得到你渴望的事物的力量，又或是不再為任何事而痛苦的力量而僅僅祈禱某些事情發生或不發生呢？

因為理所當然的，如果神明可以和人類合作，他們就能與人類為了這樣的目的而合作了。

但是，也許你想要說，神明已經把這些能力賜給你了。那好吧，像一個自由人一樣運用神明賜予你的這些能力是不是要比卑躬屈膝地渴求一種你並不具有的才能要好得多呢？

而誰又告訴你神明即便在我們有能力的時候也不幫助我們的呢？那麼就開始為諸如此類的事情祈禱吧，你將會見證。

當一個人這樣禱告：我如何才能得以與這個女人同床共枕呢？而你卻這樣禱告：我怎樣才能消除要與這個女人

同床共枕的欲望呢？

另一個人這樣禱告：我該如何擺脫呢？其他人則這樣禱告：我怎樣才能消除要擺脫的想法呢？有

人這樣禱告：我怎樣才能不失去我的兒子呢？你則要這樣說：我如何才能不害怕失去他呢？

總而言之，就像這樣改變你禱告的方式，看看會得到什麼。

伊比鳩魯（Epicurus）說：「在病榻上，我談話並不涉及我身體上的疼痛，」他還說道，「我也不和來看望我的人們討論這樣的話題。

我還是繼續談論著萬物的性靈，就像往常一樣，把下面的作為主要的話題當心靈承擔著可憐的肉體的活動時，它是如何遠離煩躁，並保持適當良好的狀態的呢？」

他說：「我也不會給醫生用嚴肅的表情看我的機會，那就好像他們在做什麼大事，可我的生活進行得很順利，我也很開心。」

那麼如果你也病了或是處於其他危急的情況下，也和他保持相同的態度，做和他一樣的事吧永遠都不要捨棄哲學的精神，無論你面臨什麼樣的問題，也不要和愚昧之人或不瞭解自然的人做任何沒有意義的談話，這便是所有哲學流派的一個共同的原則。

你要專注的僅僅是你現在進行的事業以及你使用的方法手段。

當有人企圖用無恥的行為冒犯你時，你要立刻問自己：

「這世上可能沒有這樣無恥的人嗎？」當然是不可能的。

那麼就不要要求不可能的事了。因為這人也是必然存在於世界上的無恥之人中的一個。

當你遇到了無賴、背信棄義者或是任何做了壞事的人時，你也要在心裡想到這一點。因為只要你想到了這點，你就能提醒自己，總是會有這一類人存在的，這樣你就能更加善待每一個人。

而當大自然賜予人對抗任何惡行的美德時，能立刻理解這一點也是很有用的。因為它賜予人類抵抗愚昧、荒蠻以及其他劣根性的靈丹妙藥。

無論是什麼情況，你都有可能勸說那些走上了歧路的人，因為每個犯了錯的人都是因為迷失了自己的目標，才誤入歧途的。

除此以外，你又因何事受到了傷害呢？因為你將會發現那些冒犯你的人中沒有人做了能讓你的心靈受損害的事，而那些對你有惡意或傷害你的行徑只能植根於心靈。

如果一個本就沒有惡意的人無意間做了錯事，那會傷害誰呢？有什麼好奇怪的呢？不妨思慮一下，你是否不應該怪罪你自己呢？因為你事先並沒有想到這樣的一個人會以這樣的方式犯錯的。

因為你本可以依靠理性的判斷事先就想到此人是很有可能犯這樣的錯的，但是你卻忘了要用理性先行判斷，你還因他犯的錯大為吃驚呢。

在大多數情況下，當你要責備某人背信棄義或是恩將

仇報，不如將責備的對象轉向你自己。

因為，這犯下的過錯很顯然是你的責任，不管你是相信某個稟賦了這樣天性的人會恪守諾言，或是沒有以你全部的善意對待他人，也沒有使他人從你的行為中得到全部的裨益。

當你為人服務時，你還奢求什麼呢？你是不滿足於自己做了本分內的事卻沒有得到回報嗎？就好像眼睛因為你提供了視覺功能而索要回報，腳因讓那個你得以行走而向你討要回報一樣。

因為對於這些身體部位，它們的各項功能是為了某種目的才形成的，藉由按照它們各自的結構特點工作來獲得屬於它們自己的東西，就如眼睛獲得了視野裡的一切景象，而腳收穫了腳下走過的道路一樣。

因此，人也是因要來世上行善，才被大自然母親創造出來，當他做了善事，或是以某種方式為了集體的利益做出了貢獻，他的行為就是符合自身的結構的，而他也能因此得到屬於他自己的東西。

要記住，你本性注定要承受一切，藉由思考這屬於你的利益或義務的哪一方，如何將其變為自己承受和可容忍的範圍內，就取決於你自己的觀念了。

卷十
挖掘你本性所渴求的東西
一早醒來就要開始鞭策自己

Book Ten

卷 十

❀ 挖掘你本性所渴求的東西

1 那麼，難道我的靈魂，你將不會再和善、單純、唯一和赤誠了，而是比附著在你周圍的這一層軀體更加淺薄了嗎？

難道你不再沉浸於深情款款、隨遇而安的性情了嗎？難道對於安逸享樂你不再得到滿足、不再有任何欲望，或是沒有了期望及渴望的心，無論它們是生機勃勃的還是死氣沉沉的了嗎？

難道不再對你所享有的歡愉在某時、某地、某個適宜的日子，或是你正生活著的這個和諧的人類社會中有任何期待了嗎？

然而你又會滿足於你的現狀，得益於自己所擁有的一切，還是你將會說服自己現在所有的是得自上帝的恩賜。

所有的都是好的，無論將要怎樣取悅他們都是好的，也無論他們將會帶來怎樣完美的生活，優良的、公正的以及美好的，他們創生和掌握著萬物，含括並孕育著所有其他類似物種繁衍生息的根本嗎？

還是你不會像這樣與神靈和人類同處一個屋簷下，也不會在他們其中吹毛求疵，或者被他們所懲罰？

2挖掘你本性所渴求的東西,正如現在你僅受天性支配,然後跟隨著去做,去接受,至少現在的你還是一個人,而如果你的天性也不會因此變得更糟的話。

接下來,你必須挖掘出現在你仍然作為人類的你的本性要求。對於這些所有的種種,

目前你仍是一個理性生物,如果你的天性不會因此變得更糟的話,那麼你就該接受他們。

然而這個理性的生物常常也是一個政治性(社會性)的生物。那麼,運用這些規則,不要給自己添任何麻煩。

3無論所有發生的事情是你本性注定要去承受的,還是非本性注定要去承受的,都要學會去承受它。

然而,如果事情是你天性注定要承受的,不要抱怨,而是隨著你的本性去承受它。

但是如果事情發生不是你的天性所要承受的,也不要抱怨,因為它將會在耗盡你後滅亡。

但是,要記住,你本性注定要承受一切,藉由思考這屬於你的利益或義務的哪一方,如何將其變為自己承受和可容忍的範圍內,就取決於你自己的觀念了。

4如果一個人犯了錯誤,就要溫和地糾正並且指出他的錯誤之處。但是,如果你沒有這個能力的話,就責怪自己,或者誰都不要責怪。

5無論在你身上發生了什麼,那都是你命中注定要發

生的。起因所賦有的暗示就是，它們是纏繞在你人生命理中的紡線，也是其中偶然附著之物。

6 無論宇宙是無數原子的集成，或自然本是一個體系，先請它們讓路於如下的理論吧，那就是：

首先我是自然統治下總體中的一部分；

其次，我與這些部分緊密相連，而它們與我自己也是如此。

為了牢記這一點，由於我也是一部分，我將不會與那些要將我驅逐出這個整體的任何事物有所聯繫；因為沒有什麼是對其有害的，如果不是為了它更好發展的話；而所有的本性的確有其共同的準則，但是宇宙的天性卻有自己的準則，而這是不可能被任何外來的因素帶來有害影響的。

於是，藉由牢記我自己是整體的一部分，我應該與所有發生的事相關聯。

而且正因為自己緊密相連的這些事物有著跟我自己相同的本質，我不應該做任何不合群的事，但是我也不會與跟我本質相同的這些事物同流，而是盡我所能去追逐共同的利益，並將其從相反方向逆轉過來。

現在，如果這些事都如願達成了的話，那麼生活自然就會快活，正如你可能發覺的那些給自己身邊人帶來益處行為的公民的生活是快樂的一樣，而他也滿足於國家所給予他的一切。

7整體的每一部分，我是指，一切，都是天然地包含於宇宙之中的，也必將會消亡；但是讓我們從這個角度去理解，那就是他們都會帶來改變。如果這些部分天生的存有惡根或是必不可少的話，那麼整體將不會繼續以好的形式存在，而那些被迫改變和組建的部分將會以各種形式消亡。

因為有可能自然本身就是注定要對自己的部分做邪惡的事情，讓它們被迫墜入邪惡並無法逃離，或是在自己不可知的情況下發生這些後果。這兩種猜測，確實不可思議。

但如果一個人引用「自然」這個概念（作為一個有效的勢力），並且義正辭嚴地說這些都是本性使然，即使作為這個整體的某些部分在這個天性下被迫改變亦簡直是荒誕至極；並且即使好像有什麼事情的發生是與自然相悖的，尤其是當一些事物的分解正是融入到那些原本組成的事物中去時，要同時面對這些是令人吃驚並難以接受的。

因為其中並非包含每樣組成事物成分的解體，就是有在從固體到土質以及從氣態到空氣的轉化，使得這些部分都擁有宇宙性的原理，無論這一點在某個特定的時期是產生於火還是以永久變化的方式呈現。

而且不要妄想那些固體和氣體成分是在繁衍過程中屬於你的。因為所有這些都僅是在昨天和前天獲得的合成，正如有人說的那樣，來自被激發的食物或空氣。

然而，這一點，所獲得的合成、變化，並不是你母親

所帶來的那些。

　　但是可以設想，那些你母親帶來的暗示著你和其他部分聯繫之緊密，尤其是變化的本質，實際上與所說的客觀並無任何聯繫。

　　8當你獲得這些頭銜的時候，優秀、謙虛、真實、理性、一個沉著雅量的人，請好好關注你的言行，不要使它們變質；而如果你即將失去它們時，趕緊把它們重拾回來。

　　並且記住，

　　「理性」這個詞是用來衡量一個人是否對重要的事情懂得給予關注以及不犯粗心大意的錯誤的指示器；

　　「沉著」指的是對於共有本性賦予你的事物懂得主動地接受的狀態；

　　「雅量」則是要求不以物喜、不以己悲，並且對於名望這個庸俗的稱號、死亡以及所有這一類事物淡泊視之，看得高遠。

　　然而，如果你已經擁有了這些名字，並不渴求於在他人心目中爭得這些名字的話，你將會成為另一個人，並獲得另一種全新的生活。為

　　了繼續你迄今為止已經獲得的生活，並不惜一切代價要墮落在這樣一種生活中的話，那麼你無疑是一個愚蠢之極的人，一個貪求苟活的人，這就像那些與野獸搏鬥的戰士一樣，全身佈滿了傷痕和血痂，第二天仍然滿心期待著繼續搏鬥，即使他們將再一次被同樣的利爪和撕咬送回相同的境地。

這樣一來，那些名字就再適合你不過了，而且由於你成功地忍受了這一切，因此好像自己搬到了某個快樂之島一樣。

如果你已經被拋棄於他們之外並且無法在自己掌控之中的話，甚至與生命都分道揚鑣，不再熱情高漲，但是卻有了簡樸、自由和謙虛的話，在完成你生命中值得稱道的事情之後，就會超脫其上了。

然而，為了牢牢熟記這些名字，如果你心有神明，並且知道祂們期望的不是諂媚討好，而是希望所有人都能夠本真地做自己的話，這將會對你有百益而無一害。

而且你要記住萬物各司其職，無花果樹有無花果的職責，犬類有犬類的職責，蜜蜂有蜜蜂的職責，而人也有人的職責。

9 矯飾、戰爭、驚愕、遲鈍、奴役將會日漸把你的這些神聖準則磨滅。有多少事在沒有鑽研天性的情形下你曾考慮過，又有多少是你所忽略的？

然而去觀察所有事物是你的職責，做每件事亦然，同時在不斷完善的條件下掌握處理事務的方法，這樣一來冥想的能力也得到考驗，而從每件事中獲得的知識所帶來的自信也不必完全展露，但是也不要將其藏匿起來。

因為當你沉浸在質樸中、莊嚴中，以及從這些事中獲得知識時，這些都是最為本質的，而它們在宇宙中處於怎樣的位置上，並且將會存在多久，又是由什麼所組成，最

終將屬於誰，而誰又有能力同時給予它們並又將其拿走？

當蜘蛛捕獲到一隻蒼蠅時它會自豪，捕獲到一隻可憐的野兔時也會自豪，將一條小魚收入網中時仍會自豪，同樣在捕獲一頭野豬時也是如此，在捕獲熊、在捕獲薩爾瑪特人時，它都會自豪。

但如果你去詢問被捕者的意見，難道這不是強盜的行徑嗎？

❀ 一早醒來就要開始鞭策自己

藉由沉思冥想總結出所有這一切是如何從一個性質轉變到另一個性質上的，並常常這麼要求自己、訓練自己這方面的哲學思考。

沒有什麼事大到足以讓你獲得寬廣的胸襟。那樣的人已經脫離了軀體，當他發覺自己必須離群索居時，而沒人知道這將在多短的時間內發生，他將自己全放棄，僅僅隨心而行，而對於其他發生的一切，他也已然將之排除在萬能的自然之外了。

但是對於其他人將會如何談論他、想像他或是反對他，他卻從來不去思考一二，只滿足於做擁有自己的人，公正地做著自己的事，並對現在自己所有的感到滿足，且他將歧途上的和庸碌的所有追逐置之不理，孜孜不倦地追尋著這個目標以追隨上帝，除了追求法律的公正不阿外別無所求。

當你用自己的權力去追逐什麼該做時，所需要的是否是謹小慎微的擔憂？

而假如你對此確信無疑，那就義無反顧地走下去，不要再回頭。但假如你猶豫不決的話，那就停下腳步，傾聽最佳的建議。

然而如果所有其他的都反對你的話，那就憑著自己能力之內的抉擇走下去，跟隨正義的指引吧。

因為這才是達到目標的最佳途徑，而如果你失敗了，那麼就讓失敗成為抵達成功道路上的一堂課。

那些跟隨萬物真理的人是同時具有平靜和活潑的人，他們集活躍與冷靜於一身。

當你一早醒來就要開始鞭策自己，無論這是否會使你發生變化，如果另一個所作所為是公正並且正確的話，將不會有所不同。

我猜，你也並沒有忘記，那些狂妄自大的人是如何將自己的誇耀或責備丟給他人的，就像他們在床上或是船上一樣混沌不清。

而你也沒有忘記他們做了什麼，他們逃避什麼，以及他們追逐什麼，他們是怎樣偷盜又是怎樣搶劫的，不是用的手和腳，而是用他們最為寶貴的地方，即思維產生之處。

當一個人做出抉擇時，是選擇忠誠、謙虛、真實、法律，還是完美的魔鬼（享樂）？

對於那個給予一切又將一切拿回的祂，還有對於自

然，這個被指派的人謙卑地說道：給予你將擁有的，拿回你所擁有的。在說話時不是驕傲自得，而是卑躬順從並想方法取悅祂。

生命苦短。生存就如在山巔。因為無論一個人是住在山的這面還是那面，都不會造成多大的差別，如果他居住在世界各地，其實也就跟住在一個國家（政治團體）裡沒什麼區別。

讓人們看看，讓他們知道一個真正的人是依本性而居。如果他們無法忍受他，那就讓他們殺了他吧。因為這樣比被他們同化要好。

人們不再探討一個好人應該是什麼樣的，而是眾口一詞地認為就該是那樣的。

常常思索時間之長和空間之大，這樣就能知道宇宙中的所有個體就如沙粒一般渺小，而對於時間來說，它也不過就是滄海之一粟。

看看所有這些存在之物吧，感知它們已在分解和變化，而且由於一切都在腐化和消散，所有的東西又是在自然的安排下逝去。

當人們進食、睡覺、繁衍、放鬆等等時，想想他們到底是怎樣的人。然後想想當他們飛揚跋扈、狂妄自大，或是居高臨下地怒髮衝冠、破口大罵時，又是怎樣的人。

然而，不久前他們中的多少人還是奴隸，那時他們想要的是什麼，而僅僅在不久之後便思考他們又將在怎樣的條件下生活。

全能的自然賦予一切事物的，對於世界萬物來說都是好的。而當自然賦予它們之時，也是從對它們有利的方面出發的。

「大地愛甘霖」，「天堂博愛」，這個博愛旨在造福一切注定的事。我於是對宇宙說，我也如您一樣博愛。這難道不正如那句話所說的，「此愛或彼愛是出於本能」嗎？

無論你是居住在此並已習慣於此，還是你正離去，這都是你自己的意願，抑或是你正逝去並已卸下了責任的重擔。但除卻這些之外，就再無其他了。那麼，就好好祝賀自己吧。

讓這一切都簡單明瞭吧，這片土地和別的沒什麼區別。而這裡的一切跟山頂的，或是海岸邊的，或是其他你想要的什麼地方，如出一轍。

因為你將會體會到一切正如柏拉圖所說，定居在城市之中與居住在山間小屋並無不同。

那麼現在什麼是我的規則所在呢？而我又是出於什麼本性來創造它？我運用其的目的何在？它是否毫無意義？對於社會生活而言，這是否寬鬆破碎？它是否消散成塵埃並與之混合，最終成為一體？

脫離主的人是個逃跑者，然而主就是法律，打破法律的人就是逃跑者。而他同時也是個或悲傷、或憤怒、或害怕的人，祂十分的不滿。

因為一切都已被或應該被統領萬物的主所決定，祂就

是法律，並告訴所有人什麼才是合適的。

於是，那個害怕或悲傷、憤怒的人，就是一個逃跑者。

一個人在一個子宮中留下精子然後離去，隨即另一個循環取而代之，它經過努力奮鬥之後嬰兒誕生了。這是一件怎樣的作品啊！再一次，這個孩子從喉嚨中嚥下食物，隨後開啟另一個循環，並開始有了知覺和感覺，有了完整的生命、力量和其他所有的東西。

在這個隱匿的過程中我察覺產生出了多少東西，而它們又是多麼奇特，而我所見到的這種力量就如同我們所見的掌握事物起伏的力量一樣，我們並未藉由眼睛看見，但它卻是那麼的直截明瞭。

常常思考萬物是如何成為它們現在這樣的，而在過去也是一樣；想想它們以後也將這樣。

將所有相同形式的戲劇和舞台擺到你的眼前，不管是那些學自自身經驗抑或是古老歷史中的。

比如說，整個哈德良帝國、整個安東尼帝國和整個菲力浦、亞歷山大、克洛伊斯帝國；因為所有這些對我們而言已是戲劇，唯一不同的是由不同的演員上演罷了。

想想那些對萬事悲傷的人，或是對做一個心滿意足、成天踢踢叫叫的傻豬般不以為意的人吧。

和這個傻豬一樣的是那個寂靜地躺在自己床上對我們所持債券悲傷不已的人。思考一下，對於那些理性動物而言，唯一可做的就是自動接受發生的事；但是單純地接受卻是萬物生存下去的必需。

有些時候在你做事時，你會停下來然後問自己，死亡是否是件可怕的事？因為它將你從萬物中分離出去。

　　當別人的錯誤觸犯了你時，立刻轉過頭來好好反省自己是否犯過類似的錯誤；比如說，認為金錢是樣好東西，或是歡愉，或意味著一絲名望，諸如此類。

　　這樣一來，你將會迅速忘記氣憤，更別說如果考慮到這個人也是被迫的話，就更不會生氣了。因為他還能做些什麼呢？或者，如果你能將他從被逼迫中解救出來，豈不更好。

　　當你看見：

　　蘇格拉底的薩特隆（Satyron）時，想想尤提切斯（Eutyches）或是希門（Hymen），當你看見幼發拉底河時，想想尤提切翁（Eutychion）或是西爾溫拉斯（Silvanus），當你看見阿西佛隆（Alciphron）時想想特洛伯奧佛勒斯（Tropaephorus），當你看見色諾芬時想想克里托（Crito）或是賽維魯，而當你看見自己時，想想那位凱撒，以及其他擁有與他類似功績的偉人。

　　然後將這些思索銘記於心，而現在那些人又到哪裡去了呢？哪兒都沒去，或是去了沒人知道的什麼地方。

　　這樣持續下去，你將會知道人類其實就如過眼雲煙一般什麼都不是，尤其是如果你同時能夠感悟到那些曾經的變革將會在時間的長河中不復存在，就更是如此了。

　　但是你，

　　在怎樣的一個短小空間中以自己的形式存在？

而你又為何不滿足於既定的方式度過此生？

在你一生中你盡量避免的是怎樣的行為和狀況？

因為這些所有的東西還能是別的什麼呢？除了命理的約束外，當它被認真地審視時並且以它們的天性去檢視在生命中所發生的形式？

堅持下去直到你將所有一切變成自己所有時，就像一個強大的胃能將所有食物完全消化一樣，就像熾烈的火焰將所有投入它之中的物體燃燒成火光和明亮一樣。

不要讓任何人有權力說出有關你的真實情形，說你不單純質樸，或是說你不優秀和善，而是讓那些這麼想你的人做撒謊人吧。

所有的這些都是在你的掌控之中。那個隱藏在你身後不讓你成為優秀而單純的人是誰？

而你除了成為這樣的人，否則就決定不再生存下去了嗎？如果你自己不是那樣的話，那麼也沒有什麼別的理由能允許你繼續活下去了。

那個能夠對命理百依百順、好言相勸的東西（我們生命中的）是什麼？無論它將是什麼，如何去做或如何去說都是取決於你，不要躲避起來到處找理由。

直到你的思維已經認同，那些享受安逸的鋪張奢華應該是你的，那些指派於你或是賦予你的東西，所做的都應該是滿足一個人的需求，否則你將會悲痛難抑。

因為一個人就應當依照自己天性的需求在其力所能及的範圍之內盡情享受，並且他的掌控無所不在。現在，使

得一個圓桶來回滾動的並不是其自己的動力,也不是水或火的,更不是別的由自然或是某個荒誕不羈的靈魂所掌控的,因為這些東西的檢測方式以及數量都很多。

然而才智和理智能夠超越一切強加在它們身上的東西,並且是以自然形成及自我選擇的方式。

在你眼前呈現的就是能夠應對一切事物的命理,就像火焰是上升的、巨石是下落的、圓桶順著傾斜的表面滾動一樣,你不會發現更多新奇的東西。

對於所有那些阻礙或是影響肉體的東西僅僅是死亡之物而已,或者,除了觀念和服從命理本身之外,他們並不擠壓或是損壞什麼;因為假如它們這麼做了,他將會立刻感到情形要變糟。

現在,世界萬物都有自己特定的運行規則,無論它們受到了什麼傷害,那些備受影響的將會變得很糟糕。

但是在像這樣的一種情形下,一個人將會大大受益,如果有人如此表述,正確利用意外情況下的讚譽將會好處加倍。

並且最終要牢記的是,沒有什麼能夠傷害一名真正的公民,因為他並未有損國家,也不會有什麼能夠損害國家,因為他並未有損法律(秩序);而那些東西就被稱之為不幸,但卻並未有損法律。那些沒有損壞法律的,自然也就沒有損壞國家或是公民。

對於參透了真正準則的人來說,即使是最為簡短的戒律也已經足夠了,而且任何共同的戒律都能時刻提醒著

他，自己該不受悲傷和害怕的困擾。比如說，那些被風吹落到地面上的樹葉。

這也就像人類間的競賽，同時，也是你的孩子之間的，而樹葉也是一樣。

當它們值得信賴並被給予讚揚，或是恰恰相反，或是私下被指責、嘲諷時，它們都會大叫出來。

而樹葉，同樣與那些未來接受並轉換成為有名望的人相似。對於這些一切就像「在春天生長發芽」一樣，如某位詩人所說的，風隨即將它們吹落；之後，森林又迎來了新的樹葉將它們取而代之。

然而短暫的存在是萬物的共性，而你不必迴避和追求那些看起來會永恆的東西。僅需片刻，你閉上雙眼，那位不久之後就會步你後塵踏入墳墓的人，又會悲痛不已。

視力完好的眼睛應該能看見所有可見的事物，並且不該說我希望看見綠色的東西此類的話，因為這是病態的眼睛才會做的事。

聽力和嗅覺完好的話，就應該能夠覺察到所有能被聽見和聞見的事物。

而健康的胃應當對所有食物都能容納，正如攪拌機無論對於什麼都能磨碎一樣。

於是依此類推，健全的理解力應當能夠對所有將發生的事做好準備；而那些說，讓我親愛的孩子們活下去，讓所有人都對我的所作所為發出讚揚，這樣的人就是那些用眼尋找綠色事物，或是用牙齒尋找柔軟好嚼食物的人。

沒有誰能夠幸運到，在他垂死之際身邊有人會對將要
發生的事感到開心的。想像這是一個優秀而睿智的人，會
有誰對自己說，讓我們最後一次從這位校長手中釋放出來
而自由呼吸吧？

他並沒有對我們誰苛刻嚴厲，但是我發覺他卻在緘默
地責備我們。

這就是一個好人所說的。但是對於我們自身而言，又
有多少身外之物正期許擺脫我們呢。

當你即將逝去時，你就會開始考慮這個問題，而你將
會在想到這些時更加滿足地離去：我即將從這樣一種生活
中脫離，脫離這個我為之奮鬥如此賣力的生活，祈禱著、
擔憂著，他們希望我的離去，恐怕還盼著這一刻早些到
來。那麼為什麼還要彌留呢？

不要因為這個原因就在最後的時刻對他們苛責，而是
要保持你一貫的品行，要和善，要慈祥，要溫和。

而且在另一方面不要表現出你好像正痛苦離去，而是
像那些在平靜中逝去的人一樣，那卑微的靈魂將會輕鬆脫
離軀體，這也正是你離開他們的方式，因為這是聯繫你們
的天性所在。

但是她是否正驅散這樣一個聯盟？嗯，我像來時一般
離去，並沒有拖拖拉拉，沒受任何強迫，因為這，也是天
性使然的一部分。

要盡可能地與任何對你生命造成影響的人互相適應，
不斷詢問你自己，這人這麼做的目的是什麼？

但首先要從詢問自身開始，並審視你自己。要牢記隱匿在背後牽引著線的是信念的力量，這就是生命。

　　這，如果有人要這麼說的話，就是人類。

　　自己沉思，但不要考慮那些圍繞在你周圍以及附著在其之上的脈絡。因為他們就像斧頭一樣，僅僅在他們所生長的軀體內有所不同。

　　確實，與紡織者的梭、作者的筆桿以及行駛者的馬鞭相比，沒有了活動以及檢索，這些部分也都是一無是處的。

卷十一
我為大眾利益出過什麼力嗎？
以最好的方式生活。

Book Eleven

卷十一

❀ 我為大眾利益出過什麼力嗎？

1 以下這些就是理性的靈魂的特質：它觀察自己，分析自己，使自己成為自身所選的樣子；自得其樂的果實，植物的果實以及那些依靠食用果實維生作樂的動物 它掌握著自身的滅亡，無論哪裡是生命的上限。

這不像在某個舞蹈或是某齣戲中的那樣，整個活動並不是完整的，如果有什麼意外將其縮短的話；但是任何部分，以及無論其將在哪裡停止，它都將使其在完善和完整之前變成預設好的那樣，因此可以這麼說，我擁有著我所擁有的。進一步，它橫穿過整個宇宙，穿越周圍的空間，測量著自己的構成，並將自己在無盡的時間內延伸，參透和領悟萬物更新的周期，並領悟到那些在我們之後出現卻並無新意的物體，或獲得非我們目力所及的東西。

但是對於某個四十歲的人來說，假如他有絲毫的理解之力，他已經看到了那些已存在的和將要出現的萬物依靠一致性的美德，對鄰里之愛，真實而謙虛，並不將一切看高於它自己，這也是法律的特質所在。因此，公正的命理從不因正義的名義而有所不同。

2 你也許並不看重悅耳的歌曲、優美的舞蹈或是激烈

的競技，如果你將聲音的樂律分解成許多單音，且如果你的藝術為之主導並沉浸於其中。因為你將不會為自己的坦白感到尷尬，而且對於舞蹈而言，如果每一個動作和態度你都將保持一致。在競技上也是這樣。

那麼，對於世界萬物，除卻道德和道德的德行之外，你要牢記做到成為他們中的一部分，而且藉由這樣的分割，不會對他們過分珍視，同時將這條規則一以貫之於你的一生中。

3 對於靈魂，就是已經準備就緒的東西，如果每時每刻它都必須與軀體分離，並準備好不是消逝、解體，就是繼續存在；但是對於這樣的準備其實是取決於一個人自身的評判的，而不是來自單純的固執，就像基督徒一樣體貼地，以尊重體恤的方式去說服對方，而不是一場悲劇。

4 我為大眾利益出過什麼力嗎？如果有的話，那我就已經得到了獎勵。讓我的腦海常有此念吧。永遠不要停止行善。

5 你的職責是什麼？多行善事。那麼這將如何做到呢？除了遵從一般法則之外，一些是關於宇宙的本性，另外一些是人類的準確定律嗎？

6 在最初，悲劇都是以提醒人們發生在自己身上的事

情這種目的而搬上舞台的，而這也是依照自然所安排的事物發生，如果你對舞台上的演出感到滿意的話，那麼你就不會對在更大舞台上發生的故事有排斥。

因為你知道這些事情終將了結，即使是他們喊出「哦，神啊」的驚歎聲。而且，確實，一些事情在戲劇作者的筆下描述得很得人心，尤其是像以下這些：

假如神明忽視我和我的孩子，這也同樣是有其緣由的。再者

我們不必對所發生的事情感到悲傷和苦惱。

生活之豐收正如飽滿的麥穗一樣。所有的都會如此。

悲劇之後，出現了古代喜劇，這對台詞有著嚴格的自由度限制，而其質樸的語言能夠成功地提醒人們注意驕傲自大的行為；而哲學家戴奧基尼斯也正是出於此目的關注喜劇。

但是對於之後出現的中世紀喜劇來說，要探究其是什麼，再一次，為此目的出現了新的喜劇，而其逐漸演變成為單純的模仿表演了。這些作者說著同樣的好人好事，也是那些眾所周知的，但是整個詩歌和表演手法的設計，都是出於此目的！

7 這種形式是多麼的平實清晰啊，生命中再沒有別的什麼形式能夠如此對所發生的事有這般深刻的哲學意味。

8 把一節樹枝從其毗鄰的樹枝邊剪掉的同時，也就從

整棵樹上把它剪掉了。與此類似，一個人與另一個人相分離，其實也就是脫離了整個社會團體。就像樹枝一樣，另一節又被剪掉了，而一個人卻是由於自己的行為從鄰居中分離開的，尤其是當他痛恨自己並四處逃離時，而且與此同時，他並不自知他將自己同整個社會體系隔絕了。

他也自然沒有來自創建社會的力量與的特權，因為你要依靠自己的力量重新成長以接近大眾，並成為組成整體的一部分。但是，假如這事經常發生，經常出現此類分離的話，那麼就會使得那些分離出的個體更加難以重返之前的團體了。

最終，樹枝會重新生根發芽同大樹一起生長，繼續著自己身上的生命歷程，可是並不是被修剪然後又接枝，因為這就像園丁們所說的，樹枝與樹木一同生長，但是卻有著不同的意味。

9 當你正朝著正確的方向啟程時，對於那些想要阻擋你的前進道路之人，將無法使你從正確的道路上扭轉回來，因此不要讓他們利用你的仁慈之心去驅使你，而是你自己要權衡二者，這不僅僅是保持篤定的判斷和行為，而且也是洞悉紳士對待那些想要阻礙你、找你麻煩的人。

因為這也是一種缺點，對他們發火，而且從自己的道路上偏離方向，因害怕而讓路。以下這兩者都是成功終點的背叛者：那些因害怕而讓路的人，以及與天生是同伴及朋友的人隔離的那些人。

沒有哪種自然比藝術低下，因為藝術都是靠模仿自然獲得的。但是如果事情是這樣的話，自然是超越所有本質最為完美和最為全面的東西，那麼它就不可能低於藝術的技巧。現在一切的藝術都為模仿上層而做出下層的東西，於是萬能的自然也這麼做。而且，此處確實是公正的起源，在公正面前，其他的美德也各有其基礎：如果我們關注中層的東西（那些無關緊要的東西），或是很容易就被欺騙、粗心大意和變幻無常的話，那麼就不可能發現公正。

　　如果這些事情不來主動找你，那麼困擾著你的那些追求和迴避將會仍然驅使你去找尋它們。讓你對它們的評判暫告一段落吧，這樣它們將重歸平靜，你也不必再繼續追尋和逃避了。

　　當向各個目標延伸或是向內凹凸，或是分散或是下沉時，圓球形的靈魂仍然保持著它的形狀，但卻被光源照亮，因為它看到了真實，關於世界萬物的真實以及自己的真實。

❀ 以最好的方式生活

　　試想所有的人都輕視我。讓他自己只專注於自己的那種看法之中吧。但是我將看到這一點，我沒有什麼所作所為能夠讓人輕視我。所有的人都該恨我嗎？讓他自己想去吧。但是我將友好仁慈地對待每一個人，並隨時準備好指

出他的錯誤，但並不是以責備的口吻，也不是要展示我的忍耐，而是崇高地、誠懇地，就像偉大的Phocion（福希恩）那樣，除非他要認為是如此。

因為低下的東西就是這樣，而神靈也應該不以任何不滿和抱怨的情緒看待誰。因為如果你現在做的是出於天性，並且對此刻宇宙的自然所做的符合時宜的事感到滿意的話，那麼什麼是你心中的惡魔？因為你是一個人類，是一個被安置在自己定位上的人類，在那個位置就是為了以某種方式實現共同的進步。

人們看不起一些人，卻去討好另一些人，而人們也希望在別人面前能夠高人一等，同時卻在另一些人面前卑躬屈膝。

他說的話是多麼的偽善和不真誠啊，而我決定以公平的方式跟你交談。你正在做什麼？朋友？我不會對這個給予關注。行動將會不言自明。所說的話應該直截了當，讓人一目了然。

這就像人們的特徵，能很快藉由眼睛展現出來一樣，就像那些處在戀愛中的人，能夠從愛人眼中讀出愛意一樣。那些誠實、友善的人應該同時也是強壯的人，這樣一來那些旁觀者靠近他時，能夠迅速覺察出他正確的選擇。但是單純質樸卻是一根彎曲的棍棒。

沒什麼比貪婪的友誼（虛假的友情）更可恥的東西了。規避它比規避任何邪惡都重要。友善、單純和仁慈的人將在雙眼中展示無疑，不會有任何出錯的可能。

要想以最好的方式生活，那麼這個力量是來自靈魂的，因為它才能決定對那些不足掛齒的事漠不關心。假如以脫離其他事物的方式看東西然後再整體視之，假如記住它並不是我們觀念中的事物，或者也未靠近我們的話，它就不是重要的。

　　但是這些東西仍然固定不變，而正是我們自己給它們做出評判。正如我們所說，正如我們所寫，是否記載的權力在於我們。假如這些評判不知不覺地佔據了我們的頭腦的話，那是否將其抹除也取決於我們。如果我們還記住這些留意也只會存在很短的時間，而隨之生命就將結束。

　　況且，做這些所有的事情會帶來什麼麻煩呢？這些事都是依從自然，享樂其中，它們就將顯而易見。假如它們不是順其自然，而是追尋著你自己的安逸舒適，並且為之奮鬥，那麼它將不會帶來任何榮譽，因為所有人都只會追求自我享樂。

　　思考每樣事物從何而來，由什麼組成，有什麼變化，當其變化時又將會成為什麼，並且依然沒有損害吧。

　　如果誰冒犯了你，首先想想：我與他人有何聯繫，我們是依靠他人而生；從另一方面看來，我卻高於他們之上，就像公羊統領羊群或是公牛超越獸群那樣。但要從首要準則中考驗事件。

　　首先：如果所有物體都不僅僅是原子，那麼統治萬物的是自然；如果事實是如此的話，下等的物體為烘托上等的而存在，這些物體的存在就是為了另一些物體。

其次，思考餐桌前的、床上的等等是怎樣的一些人；尤其是，他們是被何種觀念所束縛；對於他們的行為，想想他們是為什麼榮譽而為。

第三，如果人類為正義而為，我們就不應當有什麼不滿，但如果他們做錯了的話，顯而易見，他們是出於非自願或是無知所為之的。因為每個靈魂都是不情願地被真實所剝奪，它同樣也不情願被人們自己的願望所剝奪。於是，當人們被指責不公正、忘恩負義、貪得無厭，或總是對鄰居不友善時，他們就會很痛苦。

第四，想想你自己也經常會做錯事，你也就像其他人一樣，即使你有時會盡量避開一些錯誤的發生，但是你還是難免處於冒犯他們的境況中。不是出於懦弱，就是出於對名譽的維護，再或者是一些自私的動機，你會因此避免一些錯誤。

第五，想想你也不總是明白人們什麼時候做對什麼時候做錯，因為事情在不同情況下總是有不同的評判標準。簡而言之，一個人必須要不斷大量地學習以使自己能夠評判他人的行為。

第六，在你自己惱怒或悲傷的時候，想想人的生命就是短短一瞬，不久之後我們都會死去。

第七，擾亂我們的並不是人們的行為，因為這些行為都是他們在基於人類規範準則的基礎上做出的，但是在我們自己的觀念中它們打擾了我們。排除這些觀點，假如某些行為令你悲憤，那麼就下決心丟棄你對行為的評判，你

的氣惱就會消失。那麼我該如何丟棄這些觀點呢？時刻在腦海中回映沒有什麼錯誤的行為會讓我蒙羞，因為除非恥辱感本身是罪惡的，那你同樣會做出許多錯事，如成為一個搶劫犯或是別的什麼。

第八，想想這些行為所引發的氣憤和惱怒之情給我們帶來了多少的痛苦，而我們對之是又氣又恨。

第九，要知道一個好的脾性並不是不可練就的，如果這是確信無疑的話，那它就不是一個偽飾的笑容和行為。因為那只是暴躁的人會做的事，如果你繼續善待他的話。假如情況允許，當他試圖傷害你時，你將時時刻刻和緩地引導他並且糾正他的錯誤，並說：不要這樣，我的孩子；我們被上蒼所造，為的是追求別的東西；我當然不應該受到傷害，但是你正在傷害你自己，我的孩子。

同時，你向他展示出機智、老練，而這也正是通用準則所指示的，即使是微小的蜜蜂也不會做他那樣的事，其他任何自然創造出的群居生物也不會這麼做。你不能以模稜兩可的方式或是責備的方式去做，而是要深情感化、心中不含任何仇意；也不要以家長訓誡般的方式教導他，更不要當著湊熱鬧的旁觀者的面，而是即使有他人在場時，也要讓他獨處。

記住這九條規則，並且要像從宙斯那兒得到的禮物般珍視它，開始真正活得像個人。

但是你同樣也要避免對人的諂媚獻好並屈居於他們之下，因為這兩種作法都不是社會性的，而且會帶來傷害。

在你生氣激動時想想這些真理吧，隨隨便便就會動怒的並不是男兒氣概，而和善友好、溫文爾雅之舉，由於它們更貼近人類的本性，才是男子所為；那些擁有這些特質的人就擁有了力量、膽識和勇氣，而那些意氣用事、不滿苛責的人卻不是。

這也等同於一個人的心胸越是不隨事事起伏，就越是擁有力量。痛苦就是懦弱的表現，惱怒也一樣。那些屈服於痛苦的人，和那些屈服於惱怒的人，兩者都是殘缺的和逆來順受的。

但是，假如你還將受到來自眾神的領袖（阿波羅）的第十個禮物，這就是　希望壞人所做錯事不是出於瘋狂，因為那些這麼想的人簡直就是在期盼不可能的事。要允許人們對其他人這麼做，並期盼他們不要對你做什麼錯事，這是極不理智和殘暴專制的。

有四種高等本領的犯規行為是有悖於你的自我防線的，一旦你察覺它們的存在，你應當立即將它們去除並且對這些情形說：這個想法不是必要的；這個企圖將摧毀社會聯盟；你想脫口而出的話並不是出於真實想法；對你而言就該考慮一下最愚蠢的事就是一個人不說出他的真實想法。

但是第四條是你對自己的所為進行責備，因為這是神性的證據，這個證據是：軀體被所有的享樂所征服並屈從了它。

雖然在自然中是上升之力，但是在你體內混合的水性

及火性仍然遵從宇宙的旨意，它們在此組成了品質（軀體）。同樣在你體內的所有土質和水質部分，雖然它們是下沉之力，但它們仍然在提升並且在非它們自身的自然特性中佔有一席之地。

在這種方式下，基本的部分都遵從著宇宙的規則，因為當它們在某地固定不變時，它們會一直停留在那兒，直到宇宙再次發出解散的訊號。

這是否意味著你的才智就該對自己所屬的位置感到不滿並且要掙脫反抗卻並不感到稀奇呢？而且沒有外力強迫它如此，僅僅是那些東西要順從自身的天性：它仍然不屈從，而是以相反的方向發展。

對於那些非正義、無節制、憤怒、悲傷和害怕的舉動，無疑都是脫離了天性軌道的表現。而且當規則對所發生之事感到不滿時，當然也會廢棄自己的位置，因為它是出於對神明而不是公正的虔誠和敬畏。

在常規意義上滿意於事物構成的情況下，人們認識了這些特質，而它們也確實凌駕於公正之上。

對於那些在生命中不總是只有單一的或是相同目標的人來說，不可能成為一個特定的人或是保持同樣的生存狀態。但是我所說的還遠遠不止這些，除非把這點加上，那就是這個目標該是什麼。因為由於對萬物並沒有相同的看法，或是有些被大眾認為是好的，且僅限於某些特定的事物，即那些與共同利益息息相關的事物；所以我們同樣應該給自己提出另一個目標，而這個目標當是大眾的（社會

的）和政治的。

因為對於為這個目標不斷奮鬥的人而言，將會有著類似的舉動，並且常常會有相同的行為。想想鄉下的老鼠和鎮上的老鼠吧，想想鎮上老鼠對於警笛聲的恐懼。

蘇格拉底常常用女妖和怪物的名字來稱呼各種觀念，來嚇唬小孩子。古斯巴達人在他們的公共看台上設出外來人的專席，而自己卻隨處就坐。

蘇格拉底給自己沒去波底卡斯那兒找理由，說，這是因為我不打算在最壞的結果中腐朽，也就是說，我沒有受到青睞，於是別人也無力回敬我。

在以弗所書中有這樣一條戒律，即：常常想想那些上次施行了美德的人。

畢達哥拉斯教誨我們清晨時看看蒼穹，我們也許能回想起那些一直不停地做同樣事情，並且一如既往地做著自己工作的人，同樣也能回想起他們的純淨和簡單。因為星宿裡沒有惡魔。

想想當蘇格拉底為凡身時是個怎樣的人，在涅西比拿走他的斗篷並離開後，蘇格拉底對那些為他感到羞恥並遠離他的朋友們說了什麼。

在你首先學會自己遵守規則之前，無論是書寫還是閱讀都不會使你能夠為他人設定規則。在生活中這樣的例子屢見不鮮。

如果你是一個奴隸，那麼自由言論的權力就不屬於你。

而且我的內心在大笑。他們詛咒，用嚴厲的言語。

在冬日尋找無花果是瘋子的行徑，這就好比有個人要在不被允許時找尋自己的孩子。

「當一個人親吻他的孩子時，」愛彼克泰德說，他應當對自己耳語，「明天恐怕你就將死去」。但這些話是不好的預兆。「沒什麼話是不好的預兆，」愛彼克泰德說，「都是表達自然的話。或者如果是這樣的話，那麼連說麥穗熟了也會是不好的預兆。」

未熟的葡萄、熟了的葡萄、枯死的葡萄，所有這些都是變化，並不是空無一物，而是一些尚未存在的東西罷了。沒人能夠奪去我們自由的意願。

愛彼克泰德也說過，一個人必須尋找一個給予自己贊成之意的藝術之道（或是規則）；對於自己的舉動，他必須小心謹慎地處理當時的環境，他們必須符合社會利益，必須符合目標的價值；對於肉體上的欲望，他應該將之抵擋門外；對於迴避的事（厭惡的人），他應該不要對任何不在我們掌控之中的事展示出自己的厭惡之情。

這個爭論，他說，不是什麼關於普遍事物的，而是關於瘋狂與否的。

蘇格拉底常說，你想要什麼，理性的心靈還是不理性的？理性的。

怎樣的理性，健全或不健全？健全的。那你為什麼不去追求呢？因為我們擁有它。那為什麼你們還打鬥和爭吵？

卷十二
做萬物中一個有價值的人
人生就在瞬息變化之間

Book Twelve

卷十二

❀ 做萬物中一個有價值的人

1 人們總是期望藉由迂迴的方法來達到自己的目的，如果你無意拒絕，也就是說，如果你把過去視若無物，把將來歸於天意，把現在歸結於虔誠與公正，那你便可如此去做。

虔誠，讓你得到滿足，因為，自然萬物為你造就了虔誠，而你也為虔誠而活。公正，讓你無需偽裝，講出真理，遵紀守法，實現自身價值。

別人的罪惡、意見、話語、情感，都無法阻止你上進的決心，因為被動總會不得勢。

如果在你離去的時刻，不加理會心中的支配力量及神學，無畏於生命的終結，那麼你將是萬物中一個有價值的人，在自己的國土上，你將不再是孤獨之人，不再驚奇預料之外的快樂生活，也不再受制於其他一切。

2 上帝看透了外衣包裹下赤裸人類的內心思想（支配原則），他用智慧觸摸到了流淌在自己體內的智慧之源。

他所關注的不是血肉之軀，因此在追求外在物質諸如衣物、住所、名譽時，不會庸人自擾。如果你也用同樣的方法去嘗試，也會擺脫麻煩的糾纏。

3 人是由三樣物質組成：軀體，生命，智慧。前兩個是真正屬於自己的，你有責任去照料、保護它們。

第三個就不那麼肯定地屬於自己了。因此，如果你脫離了自己的思想，無論現在或過去的所說所為，抑或是將來的麻煩纏身，或者是纏繞於軀體和生命的一切，都自然而然地與血肉軀體和獨立意志保持著千絲萬縷的聯繫。

無論外在環流充滿多少漩渦，智慧的力量始終自由自在地茁壯成長，並伸張正義，接受真理。如果脫離了經由感知印象和逝去物質與之相聯繫的支配能力，那麼你就好比恩培多克勒的球體。

如果你努力活出真實的自己，便可超越生命，脫離干擾，按照自己的生命軌跡生活下去。即使生命終了，也可安然逝去。

4 我常常驚奇，每個人愛自己都勝過愛別人，但是，卻很少有人珍惜自己的想法。如果上帝或一個智者出現在你面前，命令不要思考自己想到卻不能表達的東西，可能你一天也無法忍受。

所以，我們要做的是給予周圍人更多的關注與尊敬，而不是只考慮我們自己。

5 慷慨大方地為人類安排好一切後，神明們怎能忽略上述問題呢？藉由虔誠祈禱和莊嚴的宗教儀式，一些與神靈也有過親密接觸和促膝長談的善良之人，一旦老去，所

有的一切又怎能都化為烏有？

但是若果真如此，神靈們就不會忽略任何問題，自然萬物也不會。

但是，事實並非這樣，起碼你不該認為是這樣，因為，你曾與神靈爭論不休，如果他們表現的足夠完美公正，就不會允許任何非公正和非理智存在，我們也不會與其爭執。

6 在這些事情上，你已經失望之極，即使比「右手」更加有力的「左手」牢牢抓住了「韁繩」，到頭來依然徒勞無功，因為，你已經無法阻止其前進的步伐。

7 在死亡突然來襲時，一個人應該考慮自己的靈魂與肉體，短暫生命，過去和將來無盡的深淵，還有脆弱的萬物。

8 沉思於萬物形成所遵循的準則及其行為目的，認真思考什麼是痛苦、快樂、死亡、名譽，還有是誰讓自己寢食難安，所有這些問題都是要考慮的。

9 你應該像一個拳擊手，而不應該是一個角力士。因為，角力士要麼殺人要麼被殺。而拳擊手掌握著自己的命運，無需其他，只需好好把握命運。

我們看到哪些事物掌握著自己的命運，能根據不同物

質、形式和目的把自己區分開來。

❀ 人生就在瞬息變化之間

　　一個有權之人將遵從上帝的旨意，接受上帝的恩賜。

　　至於自然萬物，我們不應該怪罪於神明，因為他們沒有任何錯誤，也無需責怪人類，無心之錯總是不可避免。因此，我們不該怪罪於任何人。

　　對人生中的一切遭遇感到驚奇的人，是多麼地荒謬可笑啊！或許這是必不可少，無法抗拒的，又或者是天意，是漫無目的、毫無章法的混亂狀態。如果是無法抗拒的。

　　你為何又要抵抗呢？如果是天意，你便可得到心靈的撫慰，神明的幫助。如果是毫無原則的混亂狀態奪去了你的血肉之軀，你的生命，你所有的一切，那你應該慶幸智慧還與你相伴。

　　燈火熄滅的那一刻，是否依然輝煌奪目？你逝去的前夕，真理、公正是否會消失殆盡？

　　當一個人做了錯事，他會狡辯說，自己又怎能知道那是不該做的呢？而我們又怎能知道他是否自責過？

　　一個好人做了壞事，就好比是沒有無花果樹卻得到了無花果汁，沒有嬰兒卻聽到其哭叫，沒有馬兒卻聽見其嘶鳴一樣，這樣的人怎樣才能讓其改正呢？只有對症下藥。如果其性情暴烈，就從其性情下手。

　　錯誤的，就不要做；不真實的，就不要到處亂說。朝

此方向努力吧。

觀察呈現在你身旁的每一件事情，並把它們按照形式、物質形態、目的和時間加以區分。

最後，認真體察你所具有的更加完美、更加神聖的品質，並讓其為你指明方向。現在你感受到了什麼？恐懼，懷疑，欲望，抑或是其他？

首先，做事要深思熟慮，目的明確；其次，要符合社會規範。人生就在瞬息變化之間

不久以後，你將塵歸黃土，萬物生靈也會在你面前消失。自然所創造的一切都在改變、轉換甚至毀滅，一切只為新生事物的繁衍而生存。

萬事萬物皆有使命，使命便是力量。海員努力駕船駛向海角，便能停泊到一個風平浪靜的海灣。

無論什麼樣的活動，在適當的時候停止，就不會招來災禍，因此，在恰當的時候結束我們的行為，甚至生命時，也不會帶來不幸。若不能在恰如其分之時終結一系列的行為，你將不得不因此而災禍連連。

但是，在恰當的時間和有限的自然安排下，有時古代人類的獨特個性，得到部分改變，萬物便能生生不息。有利於宇宙萬物發展的，都是美好且適合時令而存在的。

因此，每一個生命的終止不是災禍和不幸，而是意志的獨立，並且符合普遍利益，符合宇宙萬物發展的。

所以說，感動於神明，在思想和行為上便追隨於神明。

你必須遵守三個原則：

第一，　對於因考慮不周或不公正而未做之事，或外來因素強加於自己身上之事，不能歸罪於其偶然性或天命使然；

　　第二，　每一個生命從其繁衍到靈魂的完善，再到回歸原始，都是由萬物複合而成，都是一個從幼稚到成熟的過程；

　　第三，　高高在上時，應該多加關注底層萬物的命運，時刻留意他們的偉大所在。同時也不忘留神高層人士的偉大之處。如果經常俯瞰而下，你的眼中將會裝滿大同。你難道為此不感到自豪嗎？

　　放棄你的主見吧！這樣你就會被拯救，可是又有誰讓你不需放棄呢？

　　在你麻煩纏身時：忘記了自然萬物時刻在發生著變化，忘記了其他人的錯誤對你毫無影響，忘記了無論過去、現在和將來萬物都在發展，忘記了個人與人類整體密切的同源關係，此關係不是建立在血緣之上，而是智慧之上。

　　忘記了每一個人的智慧都是一個神靈，或是一個神靈的衍生物，忘記了除去軀體和靈魂之外人類一無所有，忘記了萬物皆有使命，忘記了人類生活在現在，也迷失在現在。

　　不斷回憶起那些怨聲載道之人，或者是顯赫名望之人，不幸之人，敵對之人，抑或是幸運之人。你會想，現在他們都躲到那兒去了呢？要麼無從考證，要麼存活於傳說中。

生活在村莊的法比烏斯・克勒留，在自己花園裡忙碌的盧修斯，拜亞的斯特丁尼斯，卡布里的台比留，維利亞的魯弗斯，他們是多麼熱切盼望追求值得自豪的一切，在機遇面前，對神靈所展現的公正、節制、順從和對無法忍受的傲慢的簡單處理，又是多麼的具有哲學味道！

對於一些人詢問：你在哪兒看到了神靈？我的回答是：他們在眼神裡，我雖沒有看到靈魂的存在，但對他們卻尊敬有加。因此，從我對神靈力量的不斷認識和瞭解中，發現他們確實存在著並受到尊敬。

人身安全自始至終用公正和真理在檢驗著每一個事物，檢驗他們自身，他們的性質，還有他們的形式。除了藉由不間斷檢驗人生外，還保留下了什麼呢？

盡管有高牆、大山和其他物質阻斷，仍有一線陽光射過；盡管無數生命中分布著各自的品質，但仍有共同品質相互分享；盡管分布於無窮盡的自然界和各自邊界裡，仍有靈魂聚首；盡管好似被分割，仍有智慧相聯。

所提到的部分事物，如空氣、物質，都是無感情友誼可言的，然而智慧準則把其牢牢相連。個性、人類、智力同根同源，他們之間的結合、溝通從未間斷過。

你希望什麼呢？繼續存在？擁有感情？期望運動？得到成長？再次停止生長？或去演講，去思考？值得你渴求的到底是什麼呢？

如果說能輕而易舉把一些事物變得一文不值，而求助於存留價值之物，那就要遵從於推理和神靈了。

但是，人死後將會被剝奪一切，因此也就與推理不符，

與神靈相悖。

把無窮無盡且無法測量的時間分配給每一個人，是多麼的短暫阿！短暫得一眨眼便被永恆所吞噬。與整個物質世界相比，一個事物又是多麼的渺小！與整個宇宙靈魂相比，一個靈魂又是多麼的微不足道啊！與你所生活的土地相比，一塊泥土又是多麼的不值一提啊！

但是，回想這些，沒有什麼比生活在自然之中，忍受自然之痛的人類偉大的了。支配力量是如何讓自己發揮作用的呢？答案就在於此。

但是，每一個事物，無論是否具有堅強的意志，到頭來都會灰飛煙滅。這種想法促使我們蔑視死亡，促使那些讓邪惡不安的善良人們藐視死亡。

善良之人在恰當的時候到來了，無論他們所做公正之事多與寡，都是一樣的，無論關注世界的時間是長還是短，也是毫無區別的，因為死亡不再可怕。

人類已經是世界公民的一份子，對人類來說，三年或五年有什麼不同嗎？一切符合規律的都是正當的。如果沒有暴君或不公正的判決把你驅逐出這個世界，那誰會帶你來到這個世界呢？

同樣，如果導演讓曾經用過的演員離開舞台，演員會說，我還有兩個動作表演沒完成，但無濟於事。缺憾便是生活。完整的戲劇由自身因素所決定，但現在是該解散離開的時候了，因為你已經失去了這些因素，離開，就等於皆大歡喜。(END)

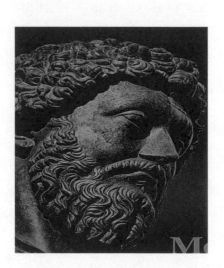

國家圖書館出版品預行編目 (CIP) 資料

沉思錄：讀了一百年還要再讀一百年的書 / 馬可 . 奧里略 (Marcus Aurelius) 原著；尹耀中編譯 . -- 初版 . -- 臺北市：華志文化事業有限公司 , 2022.01　面；　公分 . -- (世界名家名譯；8)

譯自：Meditations.

ISBN 978-626-95361-3-9(平裝)

1. 安東尼 (Antoninus, Marcus Aurelius, 121-180) 2. 學術思想 3. 哲學

141.75　　　　　　　　　　　　　　　　110020116

書系列／沉思錄：讀了一百年還要再讀一百年的書(Meditations)

書名／沉思錄：讀了一百年還要再讀一百年的書(Meditations)

系列／世界名家名譯 8

華志文化事業有限公司

原著　馬可・奧里略 (Marcus Aurelius)

編譯　尹耀中

執行編輯　簡煜哲

美術編輯　楊雅婷

封面設計　王志強

文字校對　陳欣欣

企劃執行　張淑琴

總編輯　黃志中

社長　楊凱翔

出版者　華志文化事業有限公司

電子信箱　huachihbook@yahoo.com.tw

地址　116 台北市文山區興隆路 4 段 96 巷 3 弄 6 號 4 樓

電話　0937075060

印製排版　辰皓國際出版製作有限公司

總經銷商　旭昇圖書有限公司

地址　235 新北市中和區中山路二段三五二號二樓

電話　02-22451480

傳真　02-22451479

郵政劃撥　戶名：旭昇圖書有限公司（帳號：12935041）

出版日期　西元二○二二年一月初版第一刷

書號　C408

Printed In Taiwan

版權所有　禁止翻印

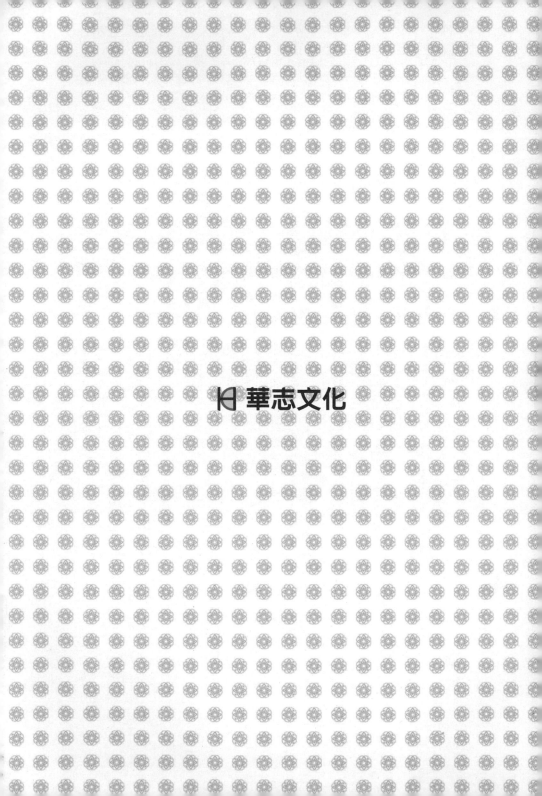